会社を変える分析の力

河本 薫

講談社現代新書

2218

はじめに

本書を手に取られたあなたは、以下のような悩みを抱えていませんか？

- がんばって統計分析を勉強したのに、分析力が向上した実感はない。
- 自分は数学が苦手なので、データ分析には不向きと思う。
- データや分析結果は豊富にあるのに、役に立たない。
- データベースや分析システムを導入したのに、経営に分析力を活かせない。
- 「ビッグデータ」や「ビジネスインテリジェンス」といった言葉に翻弄されている。
- 統計分析など分析手法だけの教育カリキュラムに物足りなさを感じている。

すべての悩みの原因は、「データ分析」を、数値計算という行為の側面でのみ捉えていることです。「料理」にたとえると、「焼く・煮る・蒸す」といった行為のみで捉えているようなものです。「焼く・煮る・蒸す」がいくら上達しても、それだけではおいしい料理を作れませんね。同じように、数値計算が上達しても、それだけでは良いデータ分析はできないのです。

「データ分析」を行為ではなく目的まで遡って考えたとき、「データ分析」に求められる本当の能力が見えてきます。「料理」にたとえると、「人を味覚で感動させる」という目的まで遡って考えれば、料理人に求められる本当の能力が見えてきますよね。同じように、「データ分析」について「意思決定に役立つ」という目的まで遡って考えれば、それに求められる能力が見えてきます。

この目的に照らせば、「データ分析」とは、数値計算やデータ処理といった定型的なプロセスに納まるものではなく、どのようなデータをどのように分析すればどのような意思決定に役立つかを考える創造的な思考プロセスの側面も持ちます。しかし、大半の人や企業は、人的・金銭的リソースをITや分析手法に偏らせているように思います。その結果、数値計算力やデータ処理力ばかりが向上して、それを経営や研究に活かす力は伴わないという非効率な状況になっているのです。いわば、料理人が、立派な調理器具を揃え、その使い方を習得したものの、食材や客の味覚に合わせた料理を考える能力には欠ける状況です。

じつは私も、一〇年前まではデータ分析＝数値計算ぐらいに思っていました。社内ではデータ分析のエキスパートのようにみなされ、「彼に頼めばどんなデータ分析もやってくれる」と重宝がられました。

しかし、あるときに「お前はまるでデータ分析の便利屋だな」と言われてから、自分の存在意義について疑問を持つようになりました。そんなとき、米国ローレンスバークレー研究所で仕事をする機会に恵まれました。黙々とデータ分析をこなす私に対して、米国人上司から「私はあなたに数値計算を期待しているのではない。分析を期待しているのだ」と諭されました。それを機会に、データ分析に関する考え方が大きく変わりました。それまで、データ分析の主役は高度な数値計算と思っていたのですが、それらは手段に過ぎない、単純な集計で十分ならばそれでいい。大切なのは、意思決定に役立つことなのです。それまで、周囲から便利屋扱いされていた理由もわかりました。私は、データ分析を仕事としていたのではなく、データ分析に必要な行為（数値計算）を得意としているに過ぎなかったのです。

帰国後、私の仕事に対する姿勢は大きく変わりました。自らのミッションを、統計分析などの数値計算ではなく、意思決定に役立つこととしました。意思決定者からデータ分析を請け負うスタイルから、ビジネスに刺さり込んで意思決定者と同じ視線で分析を行うスタイルに変わりました。すると経営判断や業務イノベーションへの貢献を通して経営陣からも認知されるようになりました。現在は、「大阪ガス（株）ビジネスアナリシスセンター」という分析専門組織を形成し、九名のメンバーを率いて、毎年数多くの分析ソリューションを社内外に提供するようになりました。

企業にとっても大学にとっても、データ分析の重要性はますます高まっているように思えます。ＩＴ革新で大量のデータ処理が可能になったことは理由の一つに過ぎません。社会や経済が複雑化し、直感だけでは意思決定が難しくなったこと、また、市場化やグローバル化の流れで競争が激しくなり、徹底した効率化が求められるようになったことも大きな理由です。つまり、手段とニーズの双方からデータ分析の重要性は高まっているのです。米国では、トーマス・ダベンポートの言葉を借りれば「分析力を武器とする企業」が増えています。これからのビジネスでは、分析力が雌雄を決する鍵になるかもしれません。

よく、日本人は分析力に劣るとか、日本企業はビジネスにデータ分析を活用できてないと言われます。実際、米国や中国では、データ・サイエンティストと呼ばれる分析集団を抱えて、分析力を経営資源の一つに掲げている企業が多く存在します。一方、日本企業では、分析力の重要性を意識している経営陣は、ほとんどいないのではないでしょうか。このままでは、日本企業は「分析力を使えない企業」になり、米国や中国の「分析力を武器とする企業」に負けるかもしれません。

では、なぜ日本人は分析力に劣るのでしょうか？ なぜ日本企業はビジネスにデータ分析を活用できないのでしょうか？ 数学力が弱いからでしょうか？ それは違います。日本人の数学の力は世界でもトップクラスです。数学オリンピックでメダルを獲得しますし、数学の学力テストでも上位にランキングされます。原因は、せっかく持っている能力をビジネスに使おうとしないことなのです。考えてみてください。中学や高校で学習した微積分や確率統計といった数学を社会人になって使ったことはあるでしょうか？ 大学で数学を学んでいるときは、「どうせこんなの役に立たないけど、単位を取るために勉強しようか」といった感じで学んでいたのではないでしょうか？ 日本人は、分析力の素地となる数学力や論理的思考力は持っているのに、分析力をビジネスに活用する姿勢に欠けているだけなのです。

本書の執筆動機は、経営者や会社員、研究者、学生の方々に、ビジネスや研究においてデータ分析を活用する力を身に付けてほしいという思いです。分析力を企業や個人や大学や社会に根付かせて、日本の競争力を少しでも高めたいという思いで執筆しました。便利屋と呼ばれた頃の愚かさ、米国研究所の上司から授かった教え、データ分析の専門家として認知されるまでの苦労、三〇〇以上のデータ分析を通して得られた経験、国内でも珍しい「分析専門組織」を設立するまでの道のり。

これらを通して、私の中で無意識のうちにデータ分析に関する哲学のようなものが芽生えました。本書は、これを体系化してまとめたものです。「データ分析でビジネスを変える力とは?」「分析力を上達させる道は?」「分析プロフェッショナルになるには?」について、学生から経営者まで幅広く理解していただけるように書きました。読者の方々にとって分析力を追求する一助になれば、筆者として望外の喜びです。

目次

第2章 データ分析でビジネスを変える力 ―― 63

第3章　分析力を向上させるための流儀――131

第１章　データ分析に関する勘違い

データ分析について次の記述のうち、どれが正しいでしょう?

○データ分析には、数学力が不可欠である。
○分析手法さえ習得すれば、データ分析は上達する。
○データベースや分析システムを導入すれば、企業の分析力は向上する。
○データ分析の価値は、得られた情報や知識の「量」と「精度」で決まる。
○データ分析の価値は、それに従った決断の成否で決まる。
○大規模で精緻な分析モデルは、単純な分析モデルよりも優れている。
○データ分析を駆使すれば、意思決定に必要な情報は何でも得られる。

じつは、すべて間違いです。一つでも正しいと思われた方は、データ分析について根本的な勘違いをしているかもしれません。本当の分析力を理解する前準備として、まず、勘違いを解消しましょう。

1　データ分析の主役

「データ分析」という言葉の意味

あなたは、「データ分析」という言葉の意味はご存知でしょうか？　「データ分析」という言葉に、「統計分析」「データマイニング」「エクセルを使った計算」……などを連想するかもしれません。でも、言葉の意味を問われると、答えに窮するのではないでしょうか？

私たちは、「データ分析」という言葉をふだん何気なく使ってしまい、その意味について深く考えることは少ないように思います。データ分析についての様々な勘違いは、その言葉の曖昧さからも来ているのではないでしょうか。そこでまずは、データ分析という言葉の意味について考えていきましょう。

「データ分析」という言葉を国語辞典（大辞林）で探しても、残念ながら見当たりません。そこで、「データ」と「分析」に分割して調べてみます。データとは「状態・条件などを表す数値・文字・記号」とあります。分析とは「知的活動の過程・方法の一。所与の対象・表象・概念などを、それを構成する部分・要素・条件などに分け入って解明すること」とあります。合わせれば、「データ分析」とは、「データから問題を解明するプロセス」を表す造語と考えられます。たとえば、過去の販売データから来月の売上を予測するプロセス、顧客データからお客様の嗜好を推定するプロセス、経済データから来年のGDPを予測するプロセス、データ分析はこれらを総称する言葉と考えられます。

では、「データから問題を解明するプロセス」とは、具体的には何でしょうか?

たとえば、ビール会社が先月の出荷量はなぜ減少したのか解明する状況を考えてみましょう。ビールの売れ行きは気温に大きく左右されます。そこで、次のような手順で分析を進めるとしましょう。

①過去の気温データと出荷量データを集める、②回帰分析を用いて月間平均気温から月間出荷量を説明する数式を導出する、③先月の平均気温が出荷量に与えた影響を考察する。大雑把に言えば、「データから問題を解明するプロセス」は、データを収集し、数値計算をし、計算結果をもとに問題を解明するステップから構成されているのです。

ここで強調したいのは、どれだけデータ収集して数値計算しても、問題解明につながらなければ、データ分析とは呼べないということです。もう少し正確に言えば、問題解明につなげる意図なしにデータ収集や数値計算を行っても、それはデータ分析ではなく「数字遊び」に過ぎません。そんなことは誰でも理解し意識しているかもしれません。しかし、意識の強弱は人によってまちまちです。意識の弱い人は、知らず知らずのうちに「問題を解明する」という目的を忘れ、「やみくもに計算結果を得ること」に走ってしまいます。

データと分析手法があれば、「計算結果」はいくらでも得ることができます。たとえば、分析に用いるデータの期間を変えたり、解析手法を変えるだけで、異なった計算結果が得られるでしょう。先ほどのビール会社の例ならば、過去何年分のデータを用いるか、月間データを用いるか週間データを用いるか日次データを用いるか、銘柄別に分析するか全銘柄合計で分析するか、線形回帰分析を用いるか対数線形回帰分析を用いるか、それぞれで異なった計算結果が得られます。分析ソフトウェアを持っていたら、このような計算結果をボタン一つで次から次に得ることができます。

そのため、データを目の前にすると、人間はデータから計算結果を次から次に出したい誘惑にかられてしまいます。だから、「問題を解明する」という意識の低い人は、「問題を解明する」という難題から逃避して、「やみくもに計算結果を出す」ことに没頭してしまうのです。しかし、どれだけたくさんの計算結果を出しても、問題を解明する意図を持って取り組まなければ、ただの「数字遊び」です。

「データ分析」は「データ」で「問題」を解決すること

もう一つ強調したいことがあります。「データ分析」という言葉は、あなたが思っているよりも広い意味合いを持ちます。データ分析という言葉の意味合いは、「データから問題を解明するプロセス」であり、分析手法や問題については何ら限定していません。分析手法は、「統計分析」でも「数理計画」でも「数値シミュレーション」でも「テキストマイニング」でもいい。単純な集計でもいい。使うソフトも、SASやSPSSといった高価な分析パッケージソフトを使っても、エクセルを使ってもいいのです。また、解明する問題も、「顧客選別」「レコメンデーション」「顧客離脱予測」「投資判断」「要員配置」「需要予測」「リスク管理」「故障予知」「製造計画」「不正アクセス検知」「物流拠点最適化」……、何でもいいのです（表1－1参照）。

すでに仕事や研究でデータ分析を行っている人は、データ分析に偏った認識を持っている可能性があります。たとえば、マーケティング分野でデータ分析している人は、「決定《けってい》木《ぎ》分析」や「クラスター分析」といった分析手法、「顧客離脱予測」や「レコメンデーション」といった分析問題を連想すると思います。サプライチェーン分野で活躍している人は、「数理計画」や「数値シミュレーション」といった分析手法、「配送ルート最適化」や「在庫最適化」といった分析問題を連想すると思います。

分類	分析手法	事例
予測型	販売量予測	過去トレンドや気温影響などから販売量を予測
	医療費予測	レセプトデータや健診データから医療費を予測
異常検知型	機器故障予兆分析	故障前に生じる異常状態を検知することで予兆
	サイレント故障分析	正常時の状態値からの逸脱を検知
	サーバログ解析	ログデータをもとに異常を予兆
最適化型	車両配置最適化	到着時間をシミュレーションすることで最適配置を探索
	在庫最適化	予想需要と品質期限から最適在庫量を導出
	ワークスタイル分析	PC操作ログからアプリの使用状況を解析
自動化型	シフトスケジューリング	労働条件を満たす勤務計画を自動生成
	プラントオペレーション	複雑なプラントの操業計画を自動生成
判断型	顧客ターゲティング	ターゲット顧客を選定
	エリアマーケティング	ターゲットエリアを選定
	Webサイトアクセス分析	各サイトにどれだけのアクセスがあるかを分析
発見型	ロコミ分析	ブログなどのテキスト情報をマイニング
	アクセスログ分析	自社Webサイトのアクセス情報を分析
	コミュニケーション分析	メールログから人の繋がりを可視化
	商品分析	同時に買う可能性の高い商品群を抽出
リスク計量型	倒産リスク計量	格付けと倒産データから倒産リスクを算出
	市場リスク計量	モンテカルロシミュレーションを用いたリスク計量
社外データ活用	気象データ活用	販売量予測、プラント操業計画、売上予測などに活用
	渋滞データ活用	車両配置最適化、配送ルート最適化などに活用

表1－1　代表的な分析手法と事例

出所：オージス総研データアナリシス部

私も、需要予測を担当していた頃は、データ分析＝回帰分析といった狭い考えを持っていました。しかし、経営、財務、調達、製造、営業といった様々な業務でデータ分析に携わることで、データ分析の世界の広さを理解するようになりました。

周囲を見ていると、データ分析に深く携わっている人ほど、データ分析に関する偏った認識を持っているように思います。たとえば、マーケティング分野のデータ分析の専門家に、投資評価もデータ分析だよねと言ってもなかなか受け入れてもらえません。

データ分析を活用できる範囲は、あなたが思っているより広いのです。だからこそ、「データ分析」という言葉の広さを意識してほしいのです。データ分析は、「データで問題を解明すること」。データと問題があるところでは、どこでもデータ分析は活用できます。手法や問題に関するこだわりを捨てて自由になれば、データ分析を用いる機会は増えてきます。

ＩＴや分析手法は手段に過ぎない

最近、ビジネスインテリジェンスやビッグデータというフレーズを頻繁に聞きます。どのＩＴ企業も、「これからはデータ活用の時代です。企業は、データベースや分析システムを整備しなければ競争に勝てません」と訴えます。良心的なＩＴ企業は、「統計分析に明るい人材も必要です」とアドバイスしてくれます。このような営業トークを聞けば、立派なデータベースや分析システムを導入して、分析手法を習得すれば、分析力が上達するように思えてしまいます。でも、本当にそれだけで上達するのでしょうか。

先ほどのビール会社の例に戻りましょう。データベースを導入し、分析手法を習得すれば、たとえば、①過去の気温データと出荷量データを集める、②月間平均気温から月間出荷量を説明する線形回帰分析を行う、といった手順でデータ分析を進めることができます。

でも、出荷量は気温で説明できると考えたのは誰でしょうか？　出荷量と気温の関係は線形であると考えたのは誰でしょうか？　そもそもビールの出荷量減少の原因をデータ分析で解明しようと思いついたのは誰でしょうか？　いずれも人です。この場合は、ビール会社の分析担当者です。分析を司っているのは、ＩＴや分析手法ではなく、ビール会社の分析担当者なのです。

ＩＴや分析手法をどんなに備えても、データから問題を解明するプロセスを構想する力がなくては、意味のあるデータ分析は生まれません。食材や調理道具を揃えても、お客さんを満足させるメニューと調理方法を考案する力がなければ、おいしい料理を作れないのと同じです。どんな分析問題に挑むか、どのようなデータを集めるか、どのような分析手法を用いるか、分析結果をどのように解釈するか、すべては人が考えることです。IT投資や分析手法の習得は分析力向上の必要条件になっても、十分条件にはならないのです。

残念ながら多くの人は、ITと分析手法をデータ分析の主役であると思い込んでいるようです。実際、データ分析という言葉から連想するものを訊かれると、大半の人は、統計分析やITを挙げるのではないでしょうか。そのような人は、二つのグループに分類できます。

一番目のグループは、データ分析＝数値計算と勘違いしている人々です。このグループに属する人は、心から、ITと分析手法さえ備えれば分析力を上達させられると考えています。二番目のグループは、手段が目的化しているグループです。このグループに属する人は、問題解明することよりも、最新のITや高度な分析手法を用いることに価値を見出します。いずれのグループも、データ分析を上達させる方法は、最新の分析ソフトウェアを購入し、高度な分析手法を習得することと思い込んでいる点で同じです。

企業も同じです。多くの企業は、ITや分析手法はデータ分析の手段に過ぎないことに気付いていないようです。たとえば、「立派なデータベースを導入したので、あとは活用するだけですね」といった本末転倒な会話を耳にします。まるで、データベースさえ導入すれば、経営に役立つデータ分析が自動的に生まれるかのように聞こえます。しばらくして、いつまで待っても活用されないことに気が付くと、今度は、「立派なデータベースを導入したので、その性能を発揮できるような分析事例を考えてほしい」といった会話を耳にします。どんな分析をしたいかという構想もなしに、手段に過ぎないＩＴや分析手法へ多額の投資をしてしまい、投資に見合ったデータ分析の成果を探すのに四苦八苦しているのです。ＩＴや分析手法は、データ分析に不可欠な道具ですが、道具だけではデータ分析できないのです。

数学力がなくても分析はできる

ＩＴは手段に過ぎないと述べると、ＩＴを軽視しているように思われるかもしれませんが、そんなことはありません。ＩＴ革新がデータ分析に与えた影響はたしかに非常に大きなものです。それは、大量のデータを処理できるようになったとか、高速でデータ処理をできるようになったという、直接的な影響だけではありません。

たとえば、いまから三〇年ほど前、一九八〇年代はじめを思い出してください。インターネットはおろか、パソコンもほとんど普及していなかった時代です。当時、たとえば人口と石油消費量の関係をデータ分析することは、どれだけ大変な作業だったか想像できるでしょうか。まず、過去の人口データや石油消費量データを入手するために、最寄りの図書館に行かなければなりません。図書館では、必要なデータを記載した統計書を探し出し、必要なページをコピーします。事務所に戻るとグラフ作成です。エクセルなんて便利なものはなく、グラフ用紙に目盛をつけて、定規で数値を読みながら、毎年の人口データと石油消費量データをプロットしていきます。さらに回帰分析をするならば、回帰分析の数式に従って電卓を何百回も叩いて計算しなければなりません。もしくは、大型計算機センターに行って、パンチカードを用いてプログラミングします。まさに一日がかりの仕事です。

現在ではどうでしょうか。インターネットで国勢調査やエネルギー消費統計のページにアクセスすれば、過去の人口データや石油消費データをダウンロードできます。それをエクセルに貼り付けてグラフボタンを押し、近似曲線として回帰直線を選択すれば完成です。五分もかからないでしょう。

かつては、やりたい分析は決まっているのに、それを実行することは大変な困難を伴う作業でした。誰でもできる訳ではなく、自ら数式を記述できる数学力や限られたコンピュータリソースを効率的に活用できるIT力が必要でした。すなわち、どんな分析をするか構想する力よりも、所与の分析を実行するための数学力やIT力が重要だったのです。現在は、ITの恩恵で、どんな分析でも、誰もが簡単に実行できるようになったのです。そのような時代では、分析を実行する力よりも、どんな分析をするか構想する力が問われるのです。

私の勤め先には、マーケティングデータ分析のプロフェッショナルX氏がいます。データマイニングにより営業に役立つ情報を次々に導出し、これまでの営業スタイルを一新させました。日々、数百万のデータを統計分析して、新たな知見を発信するこのX氏、営業部門で仕事をしていますが、じつは文系出身で数学を得意とする訳ではないのです。

このことは何を意味するのでしょう。データ分析に数学的能力は不可欠ではなくなったのです。これこそがITの恩恵です。ITというと、データ収集や計算を安価かつ高速にできるようにした側面が強調されますが、もう一つ、「数学力」なしでもデータ収集や計算が可能になったことを忘れてはなりません。エクセルやSPSSなどの分析ソフトウェアを使えば、回帰分析から複雑な機械学習まで大抵の分析手法はボタン一つで実行できるようになったのです（正確に言えば、分析手法の数学的理論を理解する力はなくても、分析手法を使いこなす力があれば良いということです。分析手法を使いこなすには、各種分析手法の意味合いを解釈できる程度の「理解力」と分析結果を定量的に洞察できる「数字力」は必要です）。

これには裏話があります。X氏が本分析に着手する前に、社内で統計分析のプロフェッショナルと呼ばれるY氏（数学が得意な理系）が本分析に挑戦しましたが、芳しい成果を挙げられなかったのです。

ではX氏とY氏の成否を分けたのは何でしょうか？　X氏は営業部で仕事をしており、身近にいる営業マンとのコミュニケーションを通して、「こういった顧客属性にはこのような商品が売れるのではないだろうか？」という仮説力、そして、「その仮説が正しくても、施策として実行できなければ意味がない」という当事者意識を持っていたのです。一方、Y氏は営業部門で仕事をした経験がなく、営業センスが身に付いてなかったので、事前に仮説を立てることができませんでした。また、データ分析までが自分の守備範囲（施策の実行は守備範囲外）と考えてしまい、営業を変革しようという当事者意識が乏《とぼ》しかったのです。

これは珍しいケースではなく、いろいろな企業で起こっていることです。データ分析を活用できていない企業に不足しているものは、分析力によりビジネスを変革していこうというマインドを持つ人材なのです。

2　分析の価値

分析の「価値」とは何か

あなたは、自分がやった分析について、良い分析だったとか、いまひとつだったなんて考えたことはありますか？　もしくは、他人がやった分析について、いい分析だとか、大したことはないとか考えたことはありますか？　そのとき、何を基準に良し悪しを判断していますか？　ここまで読み進んで、「どれだけ高度な分析手法を使っているか」とか「どれだけ大規模なデータを用いているか」などと思われるなら、かなり重症です。

分析の価値とは、端的に言えば、「その分析により意思決定を改善することで得られる効用」です。もう少し整理して言えばこうなります。

「分析の価値」＝「意思決定への寄与度」×「意思決定の重要性」

ここでの意思決定とは、経営、投資、営業、調達、オペレーションなどあらゆる局面における意思決定を指します。

たとえば、賃貸マンション投資の判断をするために、マンションの入居率を予測分析する状況を想像しましょう。まず、意思決定への寄与度とは、入居率予測がどれだけ投資判断を左右するかです。投資判断には、入居率の予測だけでなく、賃貸価格の予測も必要になります。また、将来の不動産価値の予測も必要となるでしょう。入居率予測は、意思決定の判断材料の一つに過ぎません。

意思決定への寄与度とは、数多くの判断材料の中でどれだけ重要な材料になれるかです。不確実性の大きさによっても寄与度は変わります。たとえば、入居率は二〇%〜九〇%ぐらいですと言われても、まったく判断には役立ちません。八五%プラスマイナス一%ですと言われると、非常に重要な判断材料になります。一方、この場合の意思決定の重要性とは、投資額です。たとえば、三〇〇〇万円の投資なのか三〇億円の投資なのかで、意思決定の重要性は一〇〇倍違うのです。

ビジネスだけでなく研究や開発におけるデータ分析も同じです。たとえば、新薬研究における臨床実験データ分析の価値は、新薬の安全性や有効性にどれだけ寄与したかです。機器開発における性能データ分析の価値は、機器の信頼性や効率性の向上にどれだけ寄与したかで決まります。

私が強調したいのは、知的欲求を満たすことと、ビジネスや研究に役立つこととは違うということです。いくら難問を解明しようが、いくら高精度に解明しようが、意思決定を通して効用を生み出さなければ価値はありません。この点をしっかりと意識しなければ、知的好奇心に翻弄されて、役立たないデータ分析に時間と労力を費やしてしまいます。

「分析の価値」という羅針盤をしっかりと睨み、そのデータ分析を実施すれば意思決定にどれだけ役立つかを自問自答することが重要です。

以前、大学で「データ分析実践論」と題した講義をしたときに、「皆さんは自分がやっているデータ分析の価値を考えたことはありますか?」という問いに学生は困惑していました。データ分析の目的やその価値を考えずに卒業研究でデータ分析を行っても、単なる数値計算の練習問題になってしまいます。学生の皆さんにも、ぜひ、自分がやろうとしているデータ分析について、目的や価値を自問自答していただきたいのです。

方法論からの脱却

外部のコンサルタントにデータ分析を依頼すると、最後に分厚い報告書が送られてくることがあります。また、分析結果のプレゼンテーションをお願いすると、どんな分析手法を用いたか、どんなデータを用いたかについて、長々と説明されることが多いのです。しかしデータ分析の成果は、報告書の厚みでも、高度な分析手法でも、データの規模でもありません。何がわかったか、それは意思決定にどう役立つのか、それだけなのです。もちろん、分析手法やデータの説明は、結果の正しい解釈には必要です。しかし、それらは結果を解釈するための脇役的な存在に過ぎません。

私自身、かつては分析手法やデータについて長々と説明していました。そんなとき、「結果を早く言ってくれ！」と、よく急かされたものです。そして、結果を説明しても「そんなこと分析する前からわかってるで」とか「そんなことわかっても意思決定に使えない」なんて言葉を浴びせられるならば、その分析の価値はゼロだったということです。世界で最も高度な分析手法を用いても、世界で最大のデータセットを用いても、価値はゼロなのです。

分析手法に関するこだわりを払拭し、意思決定に役立つことだけにこだわってみてください。大切なのは、データから意思決定に役立つ材料を得ることだけ、それをつなぐ方法は統計分析でも数理計画でも単なる見える化でもいい。エクセルで計算できる簡単な分析手法でもいい。そう思うと、肩の力が抜けて、分析に対する正しい価値観が芽生えてくるはずです。私は、これを「方法論からの脱却」と呼んでいます。

分析も使ってもらえなければただの無駄

分析の価値は意思決定への寄与である、と言いましたが、「この分析はすごい、大きなコストダウン（ないしは顧客獲得）に寄与するぞ！」と分析者が興奮していても、分析結果を意思決定者に報告すると、「分析結果は申し分ないけれど、これをシステム化する費用を考えると躊躇するなあ」とか、「いい分析をしてくれたんだけど、ビジネスフローを変えるとなると現場の抵抗が強くてね」といった言葉とともに、トーンダウンしていく場合は少なくありません。その分析結果が本当にビジネスに役立つものであっても、意思決定者がそれを採用しなければ、そのデータ分析は無駄になってしまいます。

私も、いまでもときどきプレゼンテーションだけで終わってしまうことがあります。先日も、私のチームである分析を行いましたが、報告したきりで音沙汰がありませんでした。じつは、有意義な分析を行っても、それをビジネスに使ってもらうまでには二種類の壁が立ちはだかっているのです。

一つ目は、「費用対効果の壁」です。費用とは、その分析結果をビジネスに導入する場合に必要な費用（システム開発費用など）のことです。たとえば、データ分析により、お客さんの購買履歴から最適な推薦商品を導出する分析に成功したとしましょう。分析結果によれば、この分析に基づいて商品を推薦すれば年間三〇〇〇万円の利益を生むことになります。しかし一方で、分析結果に基づいて最適な推薦商品を画面表示するシステムの開発に七〇〇〇万円かかるとします。この場合、分析しただけで終わってしまう可能性は高いでしょう。

通常の投資であれば、七〇〇〇万円の投資で毎年三〇〇〇万円の利益を得るのであれば、間違いなく投資するでしょう。しかし、データ分析によるソリューションの場合、前例が少ないこともあり、その効果を信用してもらいにくいのです。それでも利益のように効果を金銭換算できる場合はまだましです。これがたとえば、人材育成のためのデータ分析となると、その効果は金銭換算すら難しい。「費用対効果の壁」は思っている以上に高いのです。

二つ目は「心理的な壁」です。従来の経験と直感に基づく意思決定スタイルを、データ分析に基づく意思決定に置き換えようとすると、担当者の抵抗に遭います。たとえば、製造所のオペレーションにおいて、熟練者の判断をデータ分析で置き換えようとすると、熟練者は快く思いません。彼らはずっと勘《K》と経験《K》と度胸《D》の「ＫＫＤ」に基づく判断をしてきたからです。そういう人々に、ＫＫＤよりもデータ分析のほうが優れていることを数字で示しても、火に油を注ぐだけかもしれません。

「心理的な壁」を持つのは現場の熟練者だけではありません。本社スタッフも、別の種類の「心理的な壁」を持ちます。たとえ価値のある分析結果でも、「従来のやり方を変える理由を上司に説明しにくい」とか、「この分析をビジネスに活用するとなると自分の仕事が増える」といった「心理的な壁」を持っています。

繰り返しますが、どんなにすばらしいデータ分析であっても、実際のビジネスや研究に活用されなければ、無価値です。だからこそ、分析者は、これらの壁を先読みして乗り越えていかなければならない。そのためには、分析をする能力だけでなく、それをビジネスや研究に使わせていくだけのコミュニケーション力も求められます。

たとえば、費用対効果について納得してもらう説明、現場のエキスパートに同感してもらう説明、分析結果の限界を理解してもらう説明が求められます。どんなコミュニケーション力が必要かは、後章で詳しく述べたいと思います。

意思決定者の責任

ここまで読めば、分析結果が意思決定に役立つか否かは分析者の能力次第と思われるかもしれません。しかし、分析が意思決定に役立つかどうかは、分析者だけの責任ではありません。意思決定者（分析結果を使う側）にも責任はあります。意思決定者がデータ分析の結果を正しく受け止めなければ、分析者がどんなに価値のあるデータ分析を行っても、間違った活用をされてしまいます。そのようなケースは、以下の三つに分類されます。

一つ目は「不確実性の軽視」です。私たちは、将来予測をするためにデータ分析する場合が多いのですが、予測に不確実性はつきものです。たとえば、需要予測、市場価格予測、来場者数予測……。こういった予測は、不確実性を無視できませんから、一つの予測値を出すのではなく、シナリオや分布によって不確実性を示さなければならない。

それでも予測結果を意思決定者に報告すると、「で、結局は、一年後にいくらになるの？」と一つの答えをせがまれることが多いのです。「不確実性が大きいので、一つの値を申し上げることはできません」と言うと、とても不満そうな顔をされます。「不確実性なんて聞きたくない、値を一つに決めてくれないと意思決定できないじゃないか」といった感じです。「基準ケースはこれぐらいで、楽観ケースはこれぐらいで、悲観ケースはこれぐらいです」と説明すると、いつの間にか基準ケースの値が予測値であるかのように社内を独り歩きします。そして、この勝手に祭り上げられた予測値に従って、設備投資や商品発注などの意思決定が行われます。これではデータ分析の結果は正しく活用されません。

不確実性を理解できない意思決定者は、神様タイプと確信犯タイプの二通りに分かれます。神様タイプは、データ分析すれば将来を完全に予測できると思いこんでいるタイプです。「神のみぞ知る」という言葉を理解しない人々です。このタイプの人は、データ分析者に対して、予測が当たらないのは努力不足だからだと非難します。

一方確信犯タイプは、データ分析をしても将来を読むには限界があることを理解しながら、意思決定をするにあたり一つの予測値を決めてくれるほうが楽なので、決めてほしいというタイプです。確信犯タイプは、神様タイプよりもたちが悪いのです。

二つ目は「分析への過剰期待」です。この期待を抱く意思決定者は、データ分析に対して、意思決定に必要なすべての材料を得られると期待します。

しかし実際には、データ分析で提供できる意思決定材料は、必要な材料の一部であることが多いのです。なぜならデータ分析では、意思決定に必要な定性的問題まで分析することは困難だからです。また定量的問題においても、分析に必要なデータをすべて入手できるとは限りませんので、解明できない部分が出てきます。

そもそも、すべての分析は、何らかの前提条件下での分析です。たとえば、過去一年間の販売データに基づけば……、景気が現状と同じぐらいと仮定すれば……、競合相手が値下げしないとすれば……。しかし経営者の中には、前提条件を軽視して結果だけを解釈する人がいます。もしくは、「データ分析のプロならば何でもわかるだろ」と高圧的に迫ってくる人もいます。前提条件に基づく分析結果を前提条件なしで解釈したり、本来はデータ分析で解明できない問題を強引に分析すれば、それはもはや誤った情報になります。

三つ目は「結果への事前期待」です。この期待を抱く意思決定者は、データ分析をする前から結果に対して強い期待を持っています。そして、期待に沿った分析結果が得られれば良いのですが、期待に反した分析結果が得られた場合は、それを軽視する傾向にあります。

たとえば、投資判断をする際、投資を否定するような結果が得られると、その分析結果は間違えているのではないかと追及し、何とかしてその分析結果を否定しにかかります。反対に、肯定的な結果が得られると、「すばらしい分析だった」と満面の笑みを浮かべます。最初から結論を決めてかかっているのならば、データ分析をする意味はありません。

もしあなたが、データ分析の結果を意思決定に活用する立場にあるならば、分析に対する誤った期待を抱かずに分析結果と対峙してほしい。データ分析は、意思決定者のあらゆる期待に応えられるものではないし、意思決定者が期待している結果と合致するとは限らないし、神様のように将来を言い当てるものでもない。データ分析は、人間の洞察力を補完するものに過ぎない。そこをよく理解すると、データ分析とビジネスのパイプはもっと太くなります。

3　モデルは所詮プラモデル

どんなデータ分析でも必要な分析モデル

「分析モデル」という言葉はご存知ですか？　「分析モデル」という言葉は聞いたことがあっても、自分はデータ分析をやってるけど分析モデルなんて使ってないなあ、と思っているかもしれません。じつは、どんなデータ分析でも分析モデルを使います。分析モデルを使っていないと思っている人は、じつはそれを使っているのに使っている意識がないだけです。簡単な例を挙げて説明しましょう。

たとえば、「ビール出荷量は何で決まるか？」という問題を考えてみます。ビール出荷量に一番影響するのは気温と考え、月間ビール出荷量を月間平均気温データで説明する線形回帰分析を行い、1度気温が上がると出荷量はどれだけ増加するか算出したとします。

じつは、この場合の分析モデルは、「月間ビール出荷量＝a×月間平均気温＋b」という関係式です。言葉で述べると、「月間ビール出荷量は、月間平均気温と一次線形の関係にある」ということになります。

もう一つ例を挙げましょう。「ネット書店で書籍の『ハリー・ポッター』シリーズを購入した人は、次にどのような書籍を購入するだろう？」という問題を考えてみましょう。『ハリー・ポッター』を購入した人の購入履歴を手掛かりにすれば良いと考え、すべての『ハリー・ポッター』購入者の書籍購入履歴データを収集し、出現度が最も大きい書籍を導出したとしましょう。この場合の分析モデルは、「『ハリー・ポッター』を購入した人が

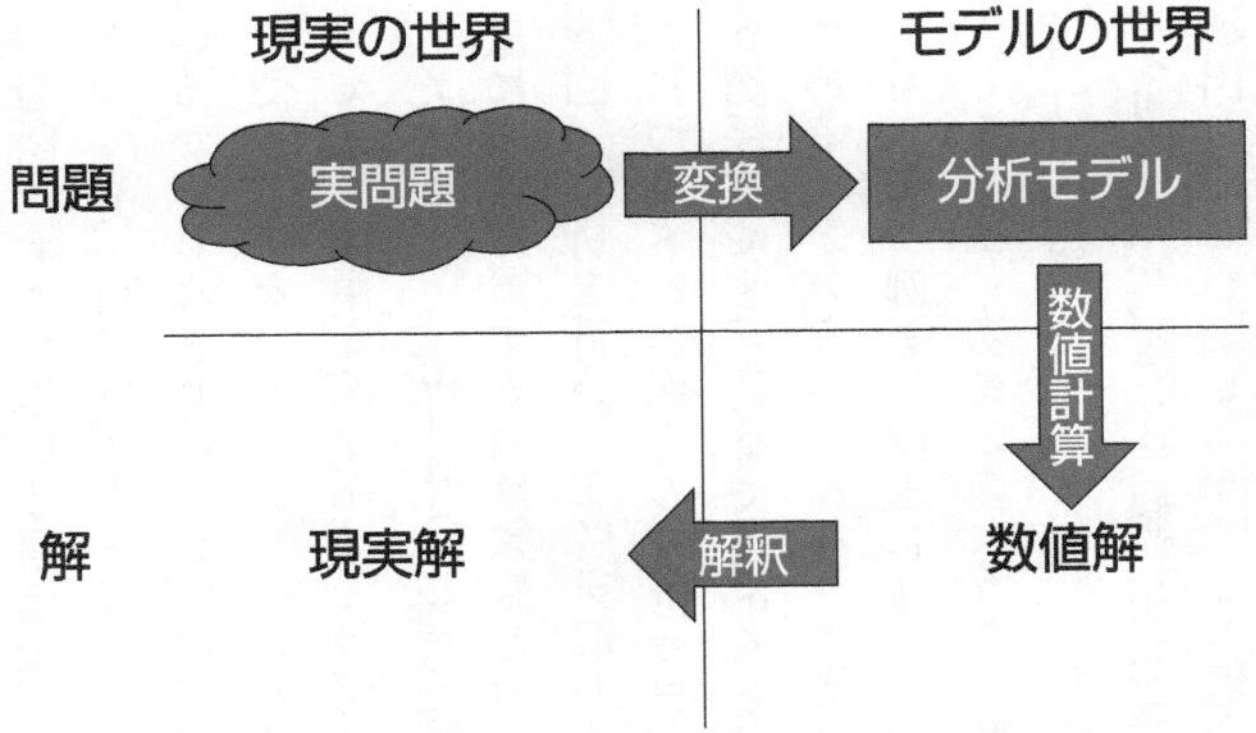

図１－１　「現実の世界」と「モデルの世界」の関係

次に最も購入しやすい書籍は、過去の『ハリー・ポッター』購入者の間で、最も購入頻度の高い書籍である」という関係です。

「分析モデル」とは、一言で言えば、現実の世界をデータ分析で扱えるように簡略化したものです。現実の世界は、とても複雑です。ビールの出荷量は、一人ひとりの消費者の様々な消費行動で決まります。『ハリー・ポッター』を購入した人は、一人ひとりが異なる読書嗜好を持っています。しかし、このままではデータ分析を活用できません。データ分析を行うには、現実の複雑な問題をもっと単純な問題に変換しなければなりません。この変換後の問題を「分析モデル」と呼ぶのです。

図１－１は、データ分析における「分析モデル」の役割を示したものです。データ分析とは、まず現実世界における実問題をデータ的思考の世界におけ

る問題（すなわち分析モデル）に変換し、次に数学で分析モデルを解き、次にその解から現実世界の実問題への示唆を得て、実問題を解明するプロセスです。このように整理すると、データ分析において「分析モデル」は中心的な役割を果たしていることがわかります。

しかし多くの分析者は、分析モデルを使っていることを意識せずに分析しているように思います。それは、とてもまずいことです。なぜならば分析モデルを意識しなければ、分析結果を正しく解釈できないし、また、分析を改善する道筋が見えないのです。ビール会社の例を使って説明しましょう。

前述の「月間ビール出荷量＝a×月間平均気温＋b」というモデルを選択したとします。このモデルを選択するということは、以下の前提を置いていることに相当します。

①ビール出荷量は気温だけで決まる（湿度や休日数などは影響しない）。
②ビール出荷量と気温は、一次比例の関係にある（非線形の関係にはない）。
③当月のビール出荷量を決める気温は、当月平均気温である（前月気温は影響しない）。

裏を返せば、

①ビール出荷量に対する湿度や休日数の影響は無視している。
②ビール出荷量と気温の非線形な関係は無視している。
③当月のビール出荷量に対する前月気温の影響は無視している。

ということです。

ネット書店の例も同様です。「『ハリー・ポッター』を購入した人が次に最も購入しやすい書籍は、過去の『ハリー・ポッター』購入者の間で、最も購入頻度の高い書籍」というモデルを選択するということは、以下の前提を置いていることに相当します。

①書籍の選好は、時間変化しない（昔もいまも同じ）。
②書籍の選好は、『ハリー・ポッター』を読む前後で変わらない。
③書籍の選好は、顧客の属性の影響を受けない。

裏を返せば、

①時代によって書籍の選好は異なることを無視している。

②『ハリー・ポッター』を読むことで書籍の選好が変わる可能性を無視している。
③性別や職業などで書籍の選好は異なることを無視している。

ということです。

分析者は、分析モデルを常に意識して、分析モデルがどのような前提に立っているか、裏を返せば分析モデルでは何を捨てているかを念頭に置いて、分析結果を解釈しなければなりません。モデルという井戸の外に何があるかを念頭に置かなければ、モデルという井戸の中の解釈に終始してしまうのです。また、井戸の外の現実の問題を知らなければ、モデルをどう改善すれば良いかもわかりません。ですから、データ分析を行うときには、必ず分析モデルを意識し、その分析モデルは何を前提とし何を捨てているのか、自問自答してみなければなりません。

分析モデルでは現実は再現できない

「分析モデル」の重要性はわかっていただけたと思います。では、優れた分析モデルとは、どんなモデルなのでしょうか？　それは、現実の問題をよく再現したモデルです。

では、分析モデルを磨き上げれば、現実の問題をほぼ再現できるのでしょうか？　ほぼ再現できると思われるかもしれませんが、それは大きな勘違いです。

分析モデルに関する最大の勘違いは、分析モデルを作り込めば現実をほぼ再現できるという思い込みです。エマニュエル・ダーマンは、著書"Models. Behaving. Badly."の中で、分析モデルを模型飛行機のようなものと表現し、多くの分析者は、分析モデルという模型飛行機と実際の飛行機を区別できていないと述べています。分析モデルとは、プラモデルのようなものに過ぎないのです。

プラモデルの自動車や飛行機は、実物の自動車や飛行機をどれだけ再現できるでしょうか？　とことん精緻にすれば、実物の自動車や飛行機をほぼ再現できるでしょうか？　いいえ、プラモデルは、どこまでいってもプラモデルです。形状や色彩はそっくりにできても、プラスチック製である限り、材質も構造も実物と違う。自走するが、動力はエンジンではなくモーターである。実物の二四分の一のスケールでは、コンソールやボンネット内部など細部を正確に再現できない。プラモデルとは、実物の形状と色彩だけを再現した代物なのです。精緻に作るほど形状や色彩は実物そっくりになりますが、どれだけ精緻に作っても中身は実物とはまったく違います。

これに対して、分析モデルはどれだけ実問題を再現できているのでしょうか？　ビール会社の例に戻りましょう。ビール会社が、ビール出荷量を、「月間ビール出荷量＝a×月間平均気温＋b」で推定したとしましょう。このモデルは、現実をどれだけ再現できているのでしょうか？

現実の世界では、ビールの出荷量はどう決まるでしょう。日本国内には、ビール消費者は何千万人もいます。頭の中で想像してみてください。お酒はビールしか飲まない人、最初の一杯だけはビールで二杯目からは焼酎の人、ワイン党でビールは飲まない人、年中ビールを飲む人、夏だけビールを飲む人、倹約のために発泡酒を飲む人、自宅では発泡酒だけど外食時はビールを飲む人、テレビCMの影響を受けてビールを飲む人、友人に感化されてビールを飲む人……。一人ひとりは異なった嗜好や事情によってビールを消費しているのです。あなたもその一人です。現実はとても複雑で混沌としたものであることを感じると思います。

それなのに、右の例では、この複雑で混沌としたビール消費の現実を「月間ビール出荷量＝a×月間平均気温＋b」という数式で表現したのです。プラモデルとは、実物の形状や色彩だけをプラスチックで再現したものです。一方、分析モデルとは、現実の世界の特定の特徴だけを数式で表現したものと言えます。右の例では、「気温が高いほど出荷量は増加する」という特徴だけを数式で表現したのです。

大切なことは、プラモデルをどれだけ精緻にしてもその中身は実物とまったく異なるように、分析モデルをどれだけ精緻にしてもその中身は現実とはまったく異なるということです。「月間ビール出荷量＝a×月間平均気温＋b」を「月間ビール出荷量＝a×月間平均気温＋b×月間降水量＋c×月間休日数＋d」と変えると、気温と出荷量の関係だけでなく、降水量や休日数と出荷量の関係も再現できます。それでも、数千万人の消費者がそれぞれ異なった嗜好や事情でビールを消費している現実を捨象して、特定の特徴だけを数式で再現していることに変わりはありません。分析モデルは現実を数式で模式化したものであり、どれだけ変数や数式を増やしても、実物とは異なるプラモデルのようなものです。

なぜこんなことを強調するのかというと、どれだけ立派な分析モデルを作っても、所詮はプラモデルに過ぎないことを意識しなければ、誤用して間違った意思決定につながるからです。

プラモデルは、実物の車の形状や色彩を正確に再現しています。だから、実車の代わりにプラモデルで空力性やデザイン性を評価することは可能かもしれません。しかし、プラモデルで安全性や走行性、快適性は評価できるでしょうか。見た目が同じだけで中身は実物とまったく異なるプラモデルで安全性や走行性、快適性を評価して、その評価結果だけで実物の自動車の設計をする、そんな車には絶対に乗りたくないですよね？

分析モデルも同じです。分析モデルで問題解明できることは限られています。その限界を超えて分析モデルを誤用すると、間違えた意思決定をしてしまうのです。車の場合は、実験室で試作車を作って評価することは可能です。だから、プラモデルで安全性や走行性を評価しようなんて誰も思いません。しかし、ビール出荷量については、実験室で何千万人もの消費者を集めてビール消費市場の実験をすることはできません。だから、頼れるものは分析モデルしかない。その結果、本来は分析モデルで解明できないような問題まで、分析モデルを用いて解明する誘惑にかられやすいのです。次項では、そのような誘惑にかられて分析モデルを誤用し、誤った意思決定を招いた例を示しましょう。

ノーベル賞受賞者も陥る罠とは？

一九九八年に、ロングタームキャピタルマネジメント（通称ＬＴＣＭ）という名のヘッジファンドが倒産しました。ＬＴＣＭは、ノーベル経済学賞を受賞したマイロン・ショールズとロバート・マートンも経営に参画していたことから、「ドリームチーム」と呼ばれ、設立から四年間で一三〇〇億ドルもの資金を運用するまでに急成長しました。しかし九七年に発生したアジア通貨危機と、その煽りで発生したロシア財政危機の最中に破綻しました。なぜ、ノーベル賞受賞者を抱えながらも破綻してしまったのか？　彼らは、分析モデルの限界をわきまえずに、それを逸脱した活用をしてしまったのです。

破綻の経緯を具体的に説明しましょう。将来の市場変化は予測がつかないので、確率的な分析モデルを用います。確率的な分析モデルには様々な種類がありますが、一般的に「対数正規分布モデル」という特定のモデルを用います。数学的に解析しやすいためです。ショールズとマートンがノーベル経済学賞を受賞したのも、株価の変動を対数正規分布モデルで解析し、オプションと呼ばれる金融派生商品の値付け理論を生み出した業績によるものです。LTCMのファンド運用においても、市場を対数正規分布モデルで解析し、金融商品の理論価格を算出して、市場取引価格との値差に投資していました。

しかし、対数正規分布モデルは、あくまで数学的な解析を容易にするための仮定であり、実際の市場はいつでも対数正規分布モデルに従う保証はありません。LTCMは、一九九四年にファンド設立後、このモデルで荒稼ぎして年間利回りは四〇%を超えました。しかしロシア財政危機は、このモデルの想定外でした。対数正規分布モデルでは、ロシアの債務不履行の発生確率は一〇〇万年に三回でした。すなわち、対数正規分布モデルでは〝起こりえない〟ロシアの債務不履行が起こってしまった。その結果、対数正規分布モデルに従うと仮定して運用していたファンドは破綻したのです。

二〇〇八年にはリーマン・ブラザーズが破綻し、それが引き金で世界的な経済不況になりました。日経平均株価も大暴落し、一ヵ月半の間に一万二〇〇〇円台から六〇〇〇円台に急落したことは、皆さんの記憶にも残っていると思います。しかし、このような経済不況を事前に予測できたエコノミストはいませんでした。結果、経済対策は後手に回り、一〇〇年に一度の経済危機を引き起こすに至りました。

英国のエリザベス女王は、二〇〇八年一一月にロンドン・スクール・オブ・エコノミクスを訪問した際、「なぜエコノミストの誰一人、信用危機を予測できなかったのですか？」と質問しています。世界中のエコノミストたちが「マクロ経済モデル」と呼ばれる分析モデルを用いて経済予測をしていたにもかかわらず、誰一人予測できなかった。なぜでしょうか？　理由はいくつかありますが、一つの理由は、リーマン・ブラザーズという一企業の倒産やそれに続くＡＩＧ（世界最大手の保険会社）の破綻、また、米国下院議会における金融安定化法案の否決といったミクロな事象は、経済全体を俯瞰的に数式で表現するマクロ経済モデルには織り込めないからでしょう。

私は、決して「対数正規分布モデル」や「マクロ経済モデル」を否定している訳ではありません。これら分析モデルは、リスク管理や経済政策議論などに欠かせない有用な分析ツールです。問題なのは、これらはプラモデルに過ぎないことを忘れて、モデルの実力を逸脱した活用をすることです。実際の市場や経済は、世界中の個人や企業の投資活動や経済活動で構成されるものであり、非常に複雑で混沌としたものです。これを数式だけで表現するのですから、「対数正規分布モデル」も「マクロ経済モデル」も、現実をかなり捨象したプラモデルと言えるでしょう。それなのに、このプラモデルだけを用いて巨額の投資判断をしてしまう、このプラモデルだけに頼って経済政策や金融政策を決めてしまう、ここに問題があるのです。

分析モデルとは、混沌として複雑な現実を、全体俯瞰的に数式で模式化したものです。そのため、通常的な現象や平均的な現象は比較的よく再現できますが、突発的な現象や稀に起こる現象を再現することは苦手です。また、個々の主体が相互的に影響しあう現象も再現することは苦手です。ビール会社の例に戻ると、気温が上がるとビール消費量は増加するという現象は再現できますが、阪神タイガースが優勝してビール消費量が増加するとか、口コミで特定銘柄のビール消費量が増加するといった現象を再現することは難しいのです。アサヒスーパードライがキリンラガーを抜くまでのヒット商品になった現象を再現することも難しいでしょう。

分析モデルは、所詮、現実を単純化かつ近似化したものに過ぎない、されど、現実のある特定の特徴について定量的な知見を与えてくれる。この「所詮」と「されど」の感覚を持って分析モデルと常に対峙することが重要です。ＬＴＣＭのように分析モデルを万能なものと過信して、取り返しのつかない意思決定ミスを犯すことがないようにしなければなりません。

モデルは複雑で大規模なほど良いのか？

私は、学生時代は鉄道模型のコレクターでした。本物の蒸気機関車や特急列車を細部まで再現した精巧な鉄道模型を眺めては、感慨に耽っていました。分析モデルに対しても、ときどき同じような感慨に耽りそうになります。多数の変数や数式から構成された大規模で複雑なモデルを見ると、「すごいモデルだなあ」と感動しそうになります。でも、この感覚は危険です。

再びビール会社の例に戻ります。「月間ビール出荷量＝a×月間平均気温＋b」という単純なモデルに対して、「月間ビール出荷量＝a×月間平均気温＋b×月間降水量＋c×月間休日数＋d」という複雑なモデルを考えましょう。一見、後者のモデルのほうが、多くの要因をモデル化していることから、前者よりも優れているように思えます。でも、果たしてそう言い切れるでしょうか。

分析モデルで現実を再現するには、現実の観測データを用意し、それに合うようにパラメータ（右の例では、a、b、c、dに相当）を決めていきます。しかし現実の観測データをそれほど多く入手できない場合、パラメータ数が多すぎると正しく推定することは難しくなります。つまり、観測データ数に限りがある場合、分析モデルを複雑にしすぎると、誤った分析モデルを作りかねません。いまの例の場合、ビール出荷量や気象データについて、過去から現在まで充分なデータ量を用意できないならば、a、b、c、dのパラメータを正しく推定することは難しいのです。強引にa、b、c、dを推定しても、正しく推定できないのですから、できあがったモデルはデタラメです。デタラメな分析モデルを作るぐらいでしたら、単純でも正しいモデルを作るほうがずっと良いのです。

複雑なモデルが、単純なモデルよりも優れているとは限らない理由は、もう一つあります。前述のように、分析モデルは、現実のプラモデルに過ぎません。プラモデルで模式化できる現象は、平均的な現象や通常的な現象に限られます。それにもかかわらず、モデルを細分化していくと、突発的な現象や稀有な現象を無視できなくなり、分析モデルの限界を超えてしまいます。それぐらいなら、突発的な現象や稀有な現象を無視できるぐらいの単純なモデルのほうが良いのです。

ビール出荷量の推移を分析するときに、すべてのビールの出荷量に対して「月間ビール出荷量＝a×月間平均気温＋b」という分析モデルを適用する場合と、個々のビール銘柄の出荷量に対して「月間ビール出荷量＝a×月間平均気温＋b」という分析モデルを適用する場合を比べてみましょう。

たとえば、あるビール銘柄は消費者の口コミでブームになったかもしれません。また、あるビール銘柄は特定の企業グループや団体が大半を消費しているかもしれません。分析モデルを銘柄ごとに細分化すると、このような突発的な現象や稀有な現象を無視できなくなります。分析モデルを細分化することで、このようなミクロな現象の影響が顕在化するぐらいならば、ミクロな現象の影響を無視できる程度まで分析モデルを単純化するほうが良いのです。

「モデラー」という言葉をご存知でしょうか。モデラーとは、プラモデルなどの模型製作を趣味とする人です。優れたモデラーは、実物と見紛うばかりの精巧な模型を製作します。一方、分析モデルを作る人も「モデラー」と呼ばれます。しかし、分析モデルを作るモデラーは、やみくもに精巧なモデル作りに尽力してはなりません。入手可能なデータ量でパラメータを推定できる限界や、分析モデルで現実を再現できる限界を念頭に置きながら、過不足のない分析モデルを作成することに努めなければなりません。

機械学習をブラックボックス化するな

最後に、機械学習という分析手法を用いている人向けに、少し補足しておきます。機械学習とは、一般化して言えば、データから知識を導出するプロセスをコンピュータに委ねる手法です。

ビール会社の例に戻りましょう。従来のやり方では、人間が数ある分析モデル候補を吟味して、たとえば「月間ビール出荷量＝a×月間平均気温＋b」といった有望そうな分析モデルを選択します。一方、機械学習を用いる場合は、人間の代わりにコンピュータが分析モデルを選択してくれます。コンピュータにビール出荷量データとその予測に役立ちそうなデータ（気温データ、降水量データ、暦データなど）を放り込めば、出荷量を最も良く予測してくれる分析モデルを自動的に選択してくれるのです。それは、非線形モデルかもしれませんし、気温に加えて降水量も用いて予測するモデルかもしれません。

機械学習を用いる場合、自ら能動的に分析モデルを選択することなく、コンピュータが選択した分析モデルを受動的に採用することになります。そのため、分析モデルを使用している意識が低くなりがちです。

しかし、人間ではなくコンピュータが分析モデルを選択するとはいえ、分析モデルを用いていることに変わりはありません。個々の消費者がそれぞれ異なった嗜好や事情でビールを消費している現実を捨象して、特定の特徴だけを分析モデルで再現していることに変わりはないのです。

また、機械学習の場合でも、コンピュータにどのようなデータを放り込むかは人間が判断します。数ある学習手法のうち、どの手法を選択するかも人間が判断します。コンピュータは、人間から与えられたデータと学習手法を用いて分析モデルを検討するのです。その意味で、機械学習といえども、人間が間接的に分析モデルを選択しているのです。

ですから、機械学習を用いて分析する場合でも、ブラックボックス化せず、必ず機械学習が意図する分析モデルを確認し、所詮はプラモデルに過ぎないという謙虚な気持ちを持ちながら、分析モデルの意味するところを理解しようとする姿勢が必要です。

4　ビッグデータとは何か？

データ量がビッグなのがビッグデータ？

最近、雑誌やウェブで「ビッグデータ」といった見出しをよく見ます。ビッグデータはIT業界の用語で、通常のデータベースでは扱えないほど大規模なデータを指します。マッキンゼーによれば、数十テラバイトから数ペタバイトのデータをビッグデータと呼びます。一ペタバイトは一キロバイトの一兆倍。住所録ファイルでは一名分が約一キロバイトですから一ペタバイトは一兆人分の住所録。世界人口は約七〇億人ですから、全世界の住所録の約一四〇倍分に相当します。とんでもない量です。

たとえば、ソーシャルメディアへの書き込み、オンライン・ショッピングの購買記録、携帯電話の通話記録、スマートメータの計測データなどはビッグデータに相当します。IT進化のお陰で、このような大規模なデータが続々と出現すると同時に、このように大規模なデータをコンピュータで分析できるようになったのです。

ビッグデータは、すでにいろいろなところで活用されています。たとえば、楽天やアマゾン・ドット・コムといったeコマース事業者は、毎分一〇〇〇件を超えるオンライン・ショッピングの購買データを蓄積し分析することで、ユーザーへのリコメンデーションなどに活用しています。リコメンデーションとは、ウェブ上での購入履歴等から顧客一人ひとりの趣味や嗜好を探り出し、それに合致すると思われる商品をウェブ上で顧客一人ひとりに推奨する機能です。

クレジットカード会社は、一日あたり一億件のカード利用履歴を蓄積し分析することで、カード不正利用の検知やターゲットマーケティングに活用しています。医療業界では、すべての患者のカルテやレセプトデータを統合し分析することで、診断や投薬の判断を支援する仕組み作りに取り組んでいます。

これだけの話を聞くと、「データ量が増えたことで、ビジネスイノベーションを起こせるようになった」と解釈されるかもしれません。でも、考えてみてください。データ量が増えるだけで、このようなイノベーションを起こせたでしょうか？　データ量が増えるだけならば、分析精度がいくらか向上するだけです。包丁の切れ味が良くなるぐらいでは、調理がスムーズにできても斬新な料理は生まれないでしょう。

それと同じで、単に分析精度が向上するだけでは、これほどのイノベーションは起こりません。それに、コンピュータで扱えるデータ量は、最近になって急に増加したのではなく、ムーアの法則に従って逓増しているのです。ですから、データ量の増加だけでは、最近のビッグデータ旋風は説明できません。

では、何がビッグデータの本質なのか？　この疑問が解けず悶々としていましたが、二〇一三年四月にシカゴ・オヘア空港の書店で何気なく手に取った書籍が、すべての疑問を解消してくれました。

ビクター・マイヤー＝ショーンベルガーとケネス・クキエは、著書“Big Data: A Revolution That Will Transform How We Live, Work, and Think”（邦訳『ビッグデータの正体——情報の産業革命が世界のすべてを変える』）の中で、ビッグデータの本質について、「部分計測から全数計測へ（from some to all）」という言葉で言い表しています。従来は、大量のデータを扱

部分計測の世界（従来）	全数計測の世界（ビッグデータ）
一部の顧客にアンケートして得たデータ	ウェブ上の全顧客の購買行動データ
ある病院における患者の最近の診断データ	日本中の患者の数十年間の診断データ
実験室で計測した自動車の性能データ	日本中で走行している自動車の性能データ

表１－２　部分計測の世界vs.全数計測の世界

えなかったので、母集団の一部だけをサンプリングしてデータ計測していました（部分計測）。現在は、大量のデータを扱えるので、母集団のすべてをデータ計測できるのです（全数計測）。たとえば、顧客の購買行動に関するデータ収集をする場合、従来は顧客をランダムに抽出してアンケート調査を実施していましたが、現在はウェブ上ならば全顧客の購買行動データを収集することができます。表１－２に、部分計測と全数計測の例を示します。

部分計測ではなく全数計測できると何が変わるのか？　ショーンベルガーとクキエは、データ分析の方向性が、「因果関係の探求」から「相関関係の探求」へと変わると説いています。部分計測の世界においては、全体の現象を見ることはできません。そこで、人は、全体を凝縮した部分を計測することで、全体の現象を支配する普遍的な法則（因果関係）を見出し、それにより全体の現象を多少は理解できると考えました。この思考プロセスを支えるのが統計学です。

一方、全数計測の世界においては、全体の現象についてデータが揃っているのですから、因果関係を探求することなく、全体現象の挙動パターン（時点間や地点間の相関関係）を直接理解することができます。

たとえば、顧客に推薦する商品を決める場合、部分計測の世界では、アンケート調査などにより、「年齢が上がると、商品Aよりも商品Bを好む傾向にある」「所得が増えると、商品Cよりも商品Dを好む傾向にある」などの因果関係を検証し、それに従って顧客に推薦する商品を決めてきました。一方、全数計測の世界では、顧客間で購買行動の類似度を検証し（相関分析）、ある顧客に推薦する商品を決める場合には、その顧客と購買行動が類似している顧客が購買している商品とすれば良いのです。アマゾンは、この方法で顧客に商品を推薦し（リコメンデーション機能）、売上を伸ばしているのです。

では、部分計測から全数計測になると何が良くなるのでしょうか。すべての個人ないしすべての個体の挙動に関するデータを分析できますから、予測や判別の精度および分解能が格段に向上します。部分計測の世界では大まかなグループ単位で予測や判別をせざるを得なかったのに対し、全数計測の世界では個人や個体の単位できめ細かい予測や判別が可能になるのです。但し、因果関係はわかりません。予測や判別の精度と分解能は高くなりますが、その根拠はわからないのです。

人間とは、身の回りの現象について理由を知ろうとする知的欲求を持ちます。その欲求が生み出したものが科学です。しかし、ビッグデータの世界では、理由を知ろうとする知的欲求を封印し、現象の挙動パターンを理解することで満足しなければなりません。もちろん、意思決定の種類によっては、理由がわからないような予測結果や判別結果を使うことに抵抗を感じることもあるでしょう。そのような意思決定においては、ビッグデータの力を活用することは難しいかもしれません。

ビッグデータの本質について、わかっていただけたでしょうか？　もしかしたら、ビッグデータは、従来とは別世界のものと感じられたかもしれません。でも、ビッグデータを用いた分析も、データ分析の一種に過ぎないことを忘れてはなりません。ビッグデータ分析を司るのは、ITや分析手法ではなく人間の思考力ですし、ビッグデータ分析の価値は、どれだけ意思決定に役立ったかだけで決まります。ビッグデータを分析する場合でも、相関モデルというプラモデルを使います。現象の中身（因果関係）に踏み込まず表面（挙動パターン）を徹底的に捉えるという、いわば表面は実物と同じぐらい精巧だが中身は空洞のプラモデルです。

ビッグデータは打出の小槌か？

ビッグデータは、既存のビジネスモデルをゲームチェンジするようなイノベーションを起こしています。たとえば、アマゾンは、オンライン・ショッピング顧客の購買データを分析することでリコメンデーション機能を提供して売上を三割も伸ばしています。たとえば、米国の自動車保険会社であるプログレッシブ社は、個々の運転者の走行履歴データに従った保険料を提示する仕組みで業績を伸ばしています。ビッグデータは、既存のビジネスモデルを破壊して新たなビジネスモデルを創造するポテンシャルを持っているのです。

多くのビジネスマンは、ビッグデータの派手な成功事例を垣間見て、ビッグデータに関心を持ち、「自社でもビッグデータを活用できないか?」という思いを持っているようです。しかし、実際には、それほどうまくいってないようです。その理由は三つあります。

一点目は、必要なデータがすべて揃っている訳ではないことです。たとえば、クレジットカード会社では顧客が「どの店でいくら払ったか」のデータは保有しますが、「何を買ったか」のデータは保有しません。ポイントカード発行会社であっても、常にそのポイントカードを使ってもらえなければ、データは揃いません。そのため、顧客の購買行動を分析するのに限界があります。自社で保有している「ビッグデータ」だけでは、課題を解決するのに不足する場合が多いのです。

二点目は、説明責任を果たしにくいことです。ビッグデータ分析では、因果関係はわかりません。分析結果をもとに意思決定する場合、その理由を経営陣や顧客に説明できないのは大きな弊害になります。たとえば、分析結果をもとに個人への費用負担額（たとえば保険料）や機会提供（たとえば老人ホーム入居可否）を決めるようなことをすれば、顧客はその理由についての説明を求めてくるでしょう。ビッグデータは、そのような説明責任に応えることは難しいのです。

三点目は、「ビッグデータ」は、打出の小槌ではないからです。どれだけ大規模なデータを集めても、そこからイノベーションが勝手に生まれてくる訳ではありません。ビジネスへの展望なしでビッグデータを分析しても、役に立たない分析結果が溢れ出るだけです。

実際、ビッグデータ分析での成功事例を見ていると、分析の前段階で明確な目標を持っています。カード不正利用の検知率を上げよう、ユーザーへのリコメンデーションを改善して売上を伸ばそう、診断や投薬の確度を上げよう、などなど。

ビッグデータは、打出の小槌ではなく、未開の土地なのです。明確な目的を持って挑まなければ、情報過多の世界を彷徨い続けるだけです。但し、目的は所与ではなく、あなた自身が考えなければなりません。「どのようなビッグデータを収集して分析し、それをどのようにビジネスに活用すれば、ゲームチェンジできるか？」といった野心的な想像力が問われるのです。

リトルデータという宝の山

「ビッグデータ」に対する注目が高まることで、弊害も生じています。それは、「データはビッグでなければならない」という偏見です。

先日、市場データの分析結果を社内で報告したところ、「分析に用いたデータ量はどれぐらいか」と問われました。「数百メガバイト（数ペタバイトの一〇〇〇万分の一）です」と答えると、とても残念な表情をされました。分析結果への信頼まで損なわれたような感じを受けました。小規模なデータから得られる分析は価値がないと思い込んでいるようでした。

またあるときには、「機器の運転データを一秒単位で収集したものを保存しているので、分析して故障診断ロジックを作ってほしい」との依頼を受けました。私は「わかりました。では、機器の運転状態と故障をマッチングするため、故障履歴データもいただけますか？」とお願いすると、「故障履歴についてはデータを整理できていませんので、二週間ほどください」との返事をもらいました。思わず「一秒単位の運転データを分析する前に、まずは故障履歴データを分析してはどうですか？」と言いそうになりました。

データのサイズがデータの価値を決めるのではありません。小規模なデータであっても、貴重な分析結果を得るケースはたくさんあります。大リーグのオークランド・アスレチックスは貧乏球団ですが、試合データを統計分析することでチーム編成を決め、ニューヨーク・ヤンキースなどの金持ち球団に競り勝って優勝しました。彼らが用いたデータセットは、ビッグデータよりも遥かに小規模なものです。

これまでに、多くの企業は、ビッグデータには至らない中小規模のデータ（リトルデータ）から貴重な分析結果を得てきました。そして、企業の中には、手つかずのリトルデータはまだまだ眠っています。業務システムに保存されているデータの多くは、分析されたこともない宝の山です。しかし多くの企業ではビッグデータへの関心が高まる反面、リトルデータへの関心が薄らいでいるように思えます。ソーシャルメディアの莫大なデータを分析する前に、社内の営業データは十分に分析できているか自問してみましょう。秒単位のデータを分析する前に、日次データは十分に分析できているか自問してみましょう。

第2章　データ分析でビジネスを変える力

1 「分析力」だけではビジネスを変えられない

分析力だけを高めても……

多くの企業では、データ分析をビジネスに活用すべく、様々な努力をしていると思います。データベースや分析ソフトウェアの導入だけでなく、データ分析に秀でる人材の育成にも取り組んでいます。

しかし、そのような努力や投資にもかかわらず、多くの日本人、日本企業はデータ分析を期待通り活用できていないようです。それは、「(単に)データ分析する力」と「データ分析でビジネスを変える力」は異なることに気付いていないからです。

「分析力」さえ身に付ければいいと勘違いしているのです。分析力だけではビジネスを変えられません。これこそが、日本人や日本企業が分析力を活用できない最大の原因です。

それでは、分析力以外にどういった力を身に付けなければならないのでしょうか？　本章では、それを述べたいと思います。

仮に、あなたをデータ分析のエキスパートとしましょう。あらゆる分析手法や分析ソフトウェアの使用に通じているだけではありません。データ分析を用いて問題を解明するプロセスを考案することもできます。分析結果について、正しい解釈をして、それをわかりやすくプレゼンテーションもできます。まさに、あなたはデータ分析ができるエキスパートです。さて、あなたは、データ分析でビジネスを変えることができるのでしょうか？

残念ながらこのままではイエスとは言い切れません。

データ分析とは、問題を解明するためにデータから知識を得ることです。でも、どれだけ立派な知識を得ても、意思決定に役立たない知識ならば、ビジネスには役立ちません。さらに、仮に意思決定に役立つ知識を得ても、それを実際のビジネスに使わなければ無駄です。どれだけ高度な分析をやろうと、どれだけ多数の分析をやろうと、ビジネスに使われなければゴミの山ということです。


仮にあなたがデータ分析のエキスパートであったとしても、分析という世界に閉じこもって、ビジネスへの関心やビジネスを変革しようという使命感に乏しければどうなるでしょうか。ビジネスに役立ちそうもないデータ分析に没頭するかもしれません。データ分析をすることだけに満足して、それをビジネスに役立てることは他人事かもしれません。もしくは、ビジネス組織に言われた定型的なデータ分析を繰り返し行うだけの便利屋になるかもしれません。これでは、データ分析でビジネスを変革することはできません。

図2－1は「データ分析」のフロー、図2－2は「データ分析でビジネスを変える」フローを表したものです。両者の違いを見ていただくと、単なる「分析力」だけでは、ビジネスを変えるには足らないことをわかってもらえると思います。「ビジネス課題→分析問題」と「知識→ビジネスの意思決定」がなければ、データ分析力はビジネスにつながりません。

それなのに、分析力をビジネスに活用できていない企業の多くは、単なる「分析力」を持つ人材さえ集めれば、データ分析でビジネスを変革できると勘違いしているように思えます。優れた分析力を習得したのに、それをビジネスに活用できないと悩んでいる人々は、単なる分析力さえ磨けば、ビジネスに貢献できると勘違いしているように思えます。

それでは、データ分析でビジネスを変えるには、どんな力が求められるのか見ていきましょう。

データ分析でビジネスを変えるのに必要な三つの力

データ分析でビジネスを変えるには、どんな力が必要なのか。事例を通して考えてみたいと思います。アイスクリーム販売会社の事例です。社名を「アナリシスクリーム社」としましょう。以下はフィクションですが、私の実際の経験をアイスクリーム販売会社の事

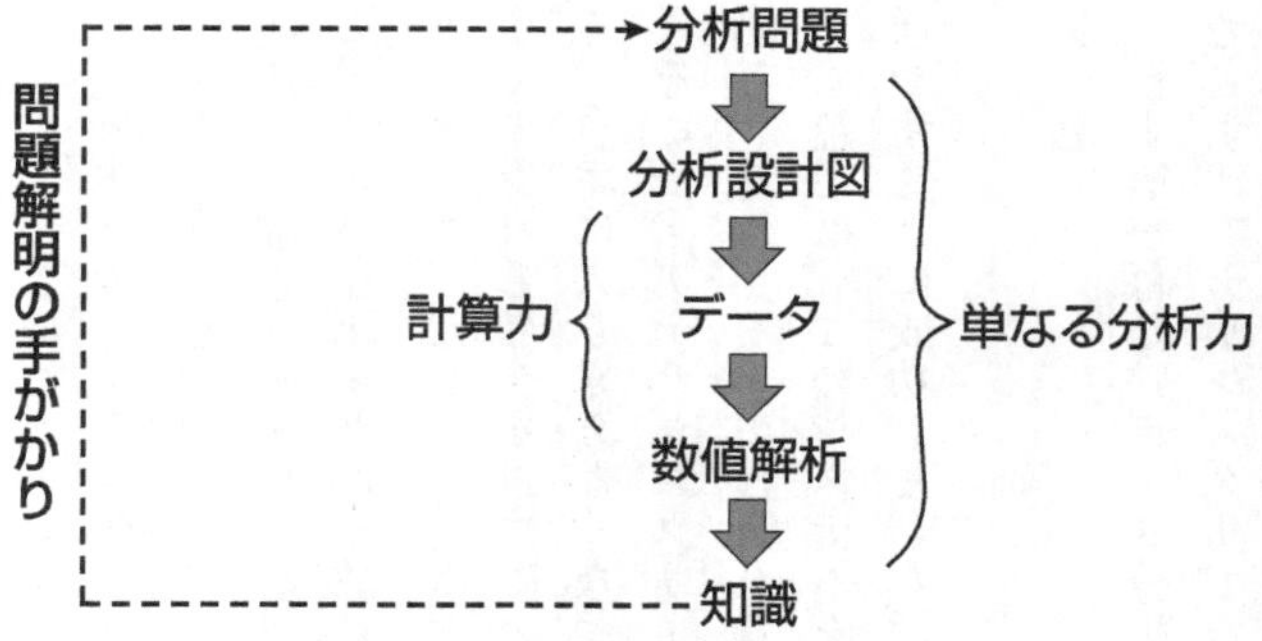

図２－１　「データ分析」のフロー

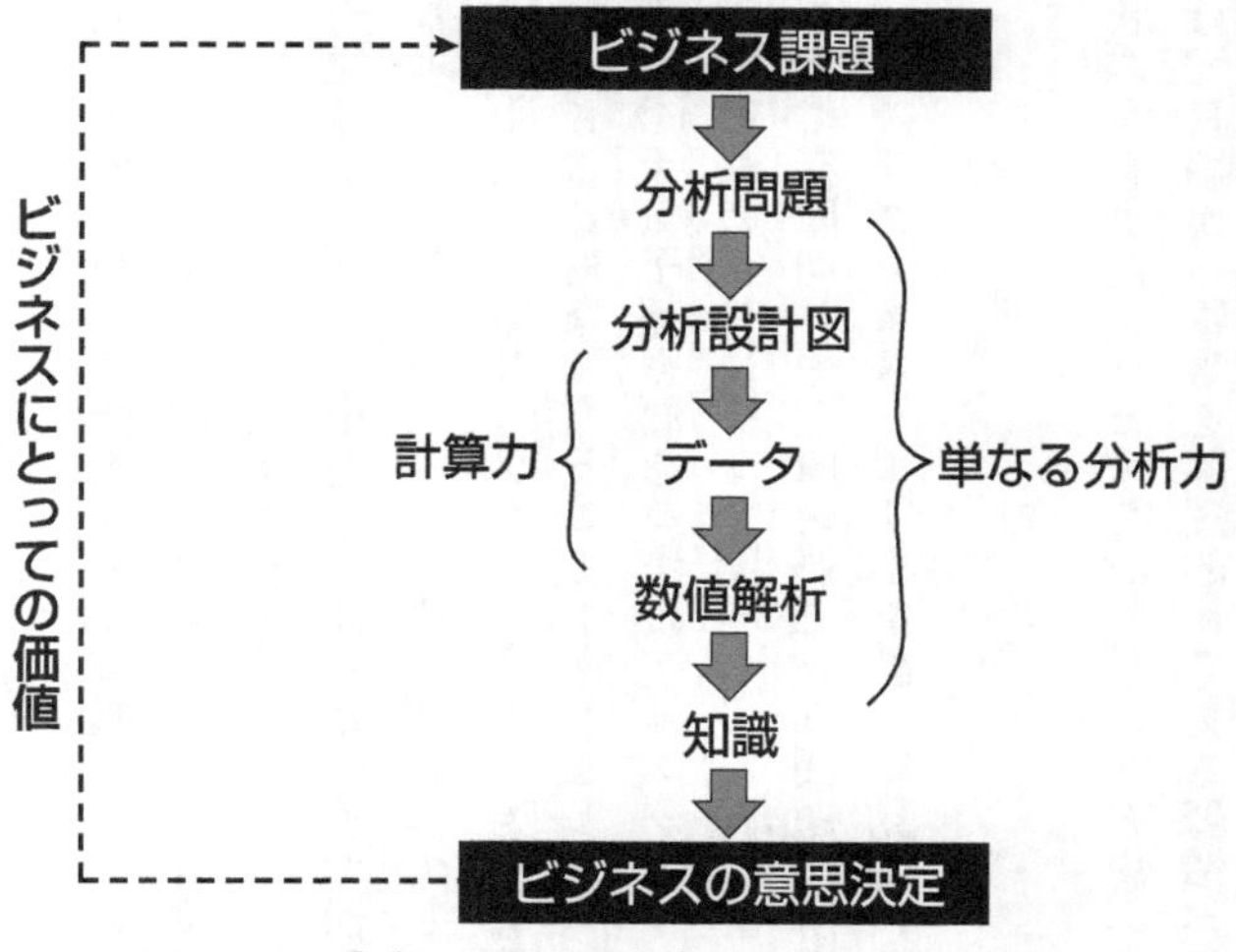

図２－２　「データ分析でビジネスを変える」フロー

例として書き直したものです。

アナリシスクリーム社では、販売状況に合わせて仕入れ量を増減することで、アイスクリームの在庫量を調整しています。メーカーからの仕入れは週に一回、毎週火曜日です。前週の火曜日までに仕入れ量を決めて、メーカーに注文しなければなりません。これまで、倉庫の在庫量と過去数日間の販売量をもとに、担当者の経験と直感で仕入れ量を決めてきました。しかし、急に猛暑になって販売量が急増し、在庫を切らしてしまって、せっかくの儲ける機会を逃すことがありました。反対に、大量に仕入れたものの売れ行きが悪く、倉庫に入りきらなくなって廃棄せざるを得なくなることもありました。

そこで、アナリシスクリーム社では、天気予報や暦を参考にアイスクリーム販売量を予測し、それをもとに仕入れ量を自動的に決めるシステムを開発しました。アナリシスクリーム社では、このシステムを使うことで在庫切れや在庫余剰という問題を解消し、利益を増やすことに成功しました。では、このサクセスストーリーを詳しく見ていきましょう。

第一幕

まず第一幕は、データ分析で現状の意思決定プロセスを改善しようと思い至るところまでです。アナリシスクリーム社では、日頃から物事を論理的に考える習慣が根付いています。アイスクリーム在庫の過不足についても、仕入れ担当者が販売量の見通しを誤ることに原因があること、急に暑くなったり涼しくなったりする場合に見通しを誤りやすいこと、また、お盆の時期は特に大きくはずれることをつきとめました。さらに、在庫切れや在庫余剰が原因で、年間約三〇〇〇万円の利益を逸していることにも気付きました。

問題を解決する最も簡単な方法は、冷凍倉庫を増設することです。しかし、倉庫の増設には数千万円のコストがかかります。そこで、もっと安価な解決手段はないか検討しました。他の業界でも同じような問題を抱えているのではないかと思い、ネットで調べてみました。すると、電力会社が、天気予報や曜日といったデータを用いて翌日の電力需要を高精度に予測している事例を見つけました。

そこで、この方法を応用すればアイスクリームの販売量を高精度に予測できるかもしれないと思いました。一方で、販売量を高精度に予測できる手法を開発できたとして、それをシステム化するために必要なコストを計算しました。社内のＩＴ部門に問い合わせたところ、約五〇〇万円の費用が必要とわかりました。年間約三〇〇〇万円の利益逸失を一部でも解消できれば、五〇〇万円の費用は十分に回収できそうです。そこで、アイスクリーム販売量の予測手法開発に挑戦してみることにしました。これで第一幕は終了です。

第二幕

第二幕は、データ分析を行って問題を解決するところです。まず、解決する問題を明確にしました。仕入れは、週に一回、毎週火曜日です。火曜日までに仕入れ量を決めて発注すると、翌週の火曜日に納品され、次の納品がある翌々週の火曜日まで乗り切らなければなりません。すなわち、解決しなければならない問題は、二週間先までのアイスクリーム販売量を高精度に予測することと定義されます。

でも、これではまだまだ具体性に欠けます。一概に高精度と言われても、どういう誤差をどこまで低減すれば良いのでしょうか。そもそも、経験と直感に基づく予測だって、決して侮れるものではありません。そこで、現状の予測誤差について仕入れ担当者にヒアリングしてみました。すると、誤差の定義は二週間先までの累積販売量の予測誤差であること、平均的な予測誤差は約五%であるが、急に暑くなる時期やお盆休みの時期には予測誤差が二〇%を超える場合もあること、予測誤差を一〇%以下に抑制できれば在庫切れや倉庫溢れという問題は発生しないこと、夏季以外は販売量が少ないので販売量予測の誤差が大きくても在庫問題は発生しないことを聞き出しました。そこで、データ分析で解決すべき問題を、七月〜九月において、二週間先までの累積販売量を最大誤差一〇%未満で予測することと定義しました。

次に、予測に用いるデータの検討です。電力会社の事例を参考にすれば、気温は予測に役立ちそうです。仕入れ担当者の話では、雨が降ると販売量に影響するそうなので、降水量も予測に役立つかもしれません。平日か休日かも影響するでしょう。学校の夏休み期間やお盆休みの期間についても考慮したほうが良いと思われます。ところで、気温の予測数値で公表されているのは、残念ながら一週間先までで、それより先は「平年より暑い」「平年並み」「平年より涼しい」の確率表示です。そこで、一週間先までの販売量予測には予測気温を使い、それより先の販売量予測には平年比指数を用いることにしました。

次に、データ分析に必要な過去データを集めました。営業部から過去一〇年分の日次販売量データを入手しました。販売量データを見ると、欠損や異常値があったので修正しました。また、気象庁のホームページから、過去一〇年分の気温データと降水量データをダウンロードしました。また、過去の天気予報データについては、気象庁のホームページからダウンロードできないため、別ルートで入手しました。収集したデータは年月日順に並べて一つのテーブルにまとめ、さらに、平休日別のフラグと夏休み期間のフラグ、および、盆休みのフラグを追加しました。これでデータ準備は完了です。

分析を始める前に、データをじっくりと観察しました。アイスクリーム販売量はどれぐらい変動するかを見るために、過去一〇年間の販売量トレンドをグラフ化しました。そうすると、五年前から販売量は急増していることに気付きました。営業部に理由を訊くと、五年前から販売価格を定価の一〇％引きにして以降、販売量は急増したということです。そこで、一貫性を保つために五年前に値下げした以降のデータだけを用いて分析することにしました。さらに詳しくグラフを見ていくと、瞬間的に販売量が増加しているときがあります。再び営業部に理由を訊きに行くと、新聞広告を出したので一時的に販売量が増加したということがわかりました。広告の影響も考えなければなりません。

いよいよ、データ分析です。まず、分析モデルを決めます。日毎のアイスクリーム販売量を予測し、それを二週間先まで合計することで、二週間の累積販売量の予測とします。各日のアイスクリーム販売量は気温と降水量、平休日フラグ、夏休みフラグ、盆休みフラグ、広告フラグで説明できると仮定しました（フラグは0か1の値を取る変数。たとえば、平休日フラグの場合、平日ならば0、休日ならば1）。各因子の販売量への影響は互いに独立で、気温および降水量とアイスクリーム販売量は線形の関係にあると仮定しました。分析モデルは、以下のようになります。

アイスクリーム販売量＝a×気温＋b×降水量＋c×平休日フラグ＋d×夏休みフラグ＋e×盆休みフラグ＋f×広告フラグ

そして、いよいよ数値計算です。過去五年間の販売量データと気象データ、および、暦データを用いて、各変数の係数を推定しました。推定には、最小自乗法を用いました。最後に、得られた推定式を用いたら、販売量をどれだけ高精度に予測できるか検証しました。具体的には、予測式の気温と降水量に実績値ではなく天気予報の値を入れることで予測値を算出し、それを実際の販売量と比較することで、もし過去において本推定式で予測していたらどれだけ予測誤差を生じたかを計算しました。その結果、最大でも予測誤差は一二%程度であることがわかりました。これは、目標とした誤差一〇%に届かないものの、もし過去にこの予測手法を使っていれば、在庫切れや倉庫溢れの発生頻度をこれまでの半分程度に抑制し、年間一五〇〇万円の利益増に寄与していたことがわかりました。これで、第二幕は終了です。

第三幕

第三幕は、開発した予測手法を、実際の仕入れ業務に使うことです。まず、仕入れ担当者に、今回の分析結果について説明しました。従来の経験と直感に基づく予測と比べて、今回開発した予測手法は誤差を大きく低減できること、この予測手法を用いて仕入れ量を決めれば、在庫切れや倉庫溢れといった問題を半分程度解消し、年間一五〇〇万円の利益増に寄与することを説明しました。

しかし、仕入れ担当者は、頭では理解しても、従来の経験と直感に基づく予測が劣っていることを認めようとしませんでした。そこで、仕入れ担当者に対して、今回開発した予測手法の優秀さを実感してもらおうと思いました。具体的には、開発した予測手法を用いた予測値を仕入れ担当者に向けて毎日発信し、それと仕入れ担当者の経験と勘に基づく予測値を比較して、どちらの誤差が小さいかを感じてもらいました。一ヵ月間ほど発信をしたのち、仕入れ担当者と改めて打ち合わせをしました。仕入れ担当者は、経験と直感に基づく予測よりも、今回開発した予測手法のほうが優れていることを認めました。

でも、仕入れ担当者は、多忙な中でこんな複雑な予測手法を運用することに不満を感じました。天気予報のデータを入手することも面倒に感じました。そこで、自動的に天気予報データを気象庁サイトからダウンロードし、あらかじめ登録した暦データに従って、自動的に販売量予測を計算して表示するシステムを提案しました。さらに、社内の在庫管理システムと連係することで、現時点の在庫量と二週間先までの販売量予測から仕入れ量を自動的に計算して表示する機能も追加することを提案しました。仕入れ担当者は、販売量予測にとどまらず仕入れ量まで自動計算してくれることで業務が効率化されることから、本システムの開発に協力的になりました。

二ヵ月後にシステムは完成しました。仕入れ担当者は、さっそく完成したシステムを仕入れ業務に使い始めました。効果はすぐに表れました。在庫切れや倉庫溢れを起こす回数も大幅に減りました。

さらに話は続きます。大幅に減ったものの、在庫切れを起こすことは稀にありました。そこで、在庫切れを起こしたときの状況を仕入れ担当者に徹底的に訊きました。そうすると、快晴の日が続くときに在庫切れを起こす可能性が高いことがわかりました。さっそく、販売量を説明する因子に晴天率を加えて予測モデルを改良しました。その結果、予測誤差は八%まで低減し、在庫切れや倉庫溢れを起こすことは皆無になりました。

以上が、アナリシスクリーム社がデータ分析によりアイスクリームの在庫切れや倉庫溢れを解消したストーリーです。いかがだったでしょうか。長いですよね。でも、これでもかなり省略しているのです。実際には、分析モデルの開発はもっと試行錯誤しますし、システム開発にあたっては予算を確保するための社内調整も必要になります。また、アイスクリームは何種類もありますので、実際には種類別に販売量予測しなければならないでしょう。

図2－3　データ分析でビジネスを変える３つのプロセス

あなたは、これだけの長いストーリーを想像できていましたか？　多くの人は、第二幕までしか想像できなかったのではないでしょうか？　でも、第二幕はいわゆるデータ分析に過ぎず、それだけでは企業がデータ分析をビジネスに活用するストーリーを完結できないのです。

私は、第一幕を「データ分析でビジネスを変える機会を見つけるステップ」、第二幕を「データ分析で問題を解くステップ」、第三幕を「データ分析で得られた知識を実際のビジネスに使わせるステップ」と呼びたいと思います。同様に、各ステップに必要な力を、「データ分析でビジネスを変える機会を見つける力」「データ分析で問題を解く力」「データ分析によるソリューションを実際のビジネスに使わせる力」と呼びたいと思います。省略して言うと、データ分析でビジネスを変革するプロセスは「見つけるステップ」と「解くステップ」と「使わせるステップ」から構成され（**図2－3**）、それを実行するには、「見つける力」「解く力」「使わせる力」の三つが必要なのです。

フォワード型分析者 vs. バックオフィス型分析者

あなたは、アナリシスクリーム社のサクセスストーリーを読んで、この主人公を務めたいと思いましたか？　「こりゃ大変だ。自分だけで主人公を務めるのは荷が重すぎる」と思った人も多いかもしれません。でもそれぐらいの覚悟がなければ、データ分析でビジネスを変革する原動力にはならないでしょう。データ分析でビジネスを変革するには、第一幕から第三幕まで主人公を務め通すだけの気概が必要なのです。

役割分担すればいいじゃないか、と思う人もいるかもしれません。たとえば、「見つけるステップ」と「使うステップ」はビジネス担当者が、「解くステップ」は分析専門家が主人公を務めればいいと思われるかもしれません。でも、それでうまくいくでしょうか。

もう一度、前項のサクセスストーリーを読み返してみてください。

第一幕の主人公を、データ分析の経験も関心もない仕入れ担当者だけで務められたでしょうか。在庫問題を解決するために、データ分析で販売量予測を改善することを思いついたでしょうか。そのような仕入れ担当者だけでは、天気予報や暦データで販売量予測をすることを思いつくのは難しいでしょう。そもそも、仕入れ業務で多忙な中で、不慣れなデータ分析を使って問題解決しようという気概は持たないでしょう。

第二幕の主人公を、ビジネスへの関心も知見もない分析専門家だけで務められたでしょうか。実際の業務に使ってもらうことを忘れて、データ分析だけに没頭してしまい、精度は高いけれども複雑すぎる予測式を作ってしまって仕入れ担当者から拒絶されるかもしれません。そもそも、データ分析だけが自分の仕事と思っている専門家では、ビジネスに役立つような分析結果を出そうという気概を持たないでしょう。

第三幕の主人公を、データ分析への関心も経験もない仕入れ担当者だけで務められたでしょうか。新しい予測手法の精度を正しく理解してなければ、間違えた使い方をしてしまうかもしれません。そもそも、自らの仕事スタイルに誇りを持っている担当者が、それを否定して、データ分析による予測手法の導入を率先する気概は持たないでしょう。

つまり、「見つける」「解く」「使う」のいずれのステップにおいても、ビジネスしか知らない担当者では能力的にも動機的にも不足するし、分析しか知らない専門家でも能力的にも動機的にも不足するのです。だから、ビジネス組織の守備範囲は「見つける」と「使う」、分析担当者の守備範囲は「解く」と杓子定規に役割分担してもうまく機能するとは限らないのです。むしろ、こういった役割分担をしてしまうと、「データ分析でビジネスを変革する」という全体ミッションを推進する主体が不在になる恐れがあります。

ではどうすれば良いのか？　いちばんいいのは、「見つける」と「解く」と「使う」をすべて包含した「データ分析でビジネスを変革する」という全体的なミッションを意識し、そのミッション全体を果たせる人材を揃えることです。それを担う主体は、ビジネス担当者でも分析専門家でも構いません。ビジネス担当者が担うならば、データ分析への関心を持ち経験も積んで、自ら「解く」気概を持たねばなりません。分析専門家が担うならば、ビジネスへの関心と知識も持って、自ら「見つける」「使う」気概を持たねばなりません。

読者の中には、私の考えに同意できない方もいらっしゃるかもしれません。実際、企業の中では、ビジネス担当者と分析専門家の役割分担で進めているところもあるでしょう。もちろん、そのような役割分担でビジネス課題を解決できる場合もあります。誰もがその課題を認知し、誰もがデータ分析で解決できる可能性を認知しているような場合です。しかしそれでは、目の前にある顕在している課題や容易な課題は解決できても、潜在的な課題や困難な課題は解決できません。当たり前のビジネス課題は解決できても、それを超えた変革はできないのです。私には、ここに、トーマス・ダベンポートの言う「分析力を武器とする企業」になれるか否かの分水嶺があるように思えます。

もしあなたがデータ分析でビジネスを変革していこうと考えるならば、あなた自身が

「見つける力」「解く力」「使わせる力」の三つの力を身に付け、第一幕から第三幕までの主人公を務める気概を持ってもらいたい。あなたがビジネス担当者ならば、データ分析とは何かを学んで第二幕も務める気概を持ってほしい、あなたが分析専門家ならば、ビジネスにもっと刺さり込んで第一幕と第三幕も務める気概を持ってもらいたいのです。

決して、あなたが必ずすべての主人公を務めなくてはならない訳ではありません。ビジネス担当者に第一幕の主人公を演じてもらってもいいですし、数値解析の専門家に第二幕の主人公を演じてもらっても構いません。しかし、実際に誰が主人公を演じるかは別にして、あなた自身で第一幕から第三幕までの主人公をすべて務める使命感を持ってもらいたい。これは、本書における最も重要なメッセージです。

米国では、**図2-4**に示す通り、分析者を「バックオフィス型分析者」と「フォワード型分析者」に分類します。

バックオフィス型分析者とは、金融機関におけるバックオフィスのように、オフィスに閉じこもってコンピュータを使って分析をしている人を指します。前述の「解く」ことしかしない分析者です。

フォワード型分析者とは、サッカーにおけるフォワードプレーヤーのように攻撃的に、オフィスに閉じこもらずにビジネス部署や現場に刺さり込んで、分析課題の発掘や分析ソ

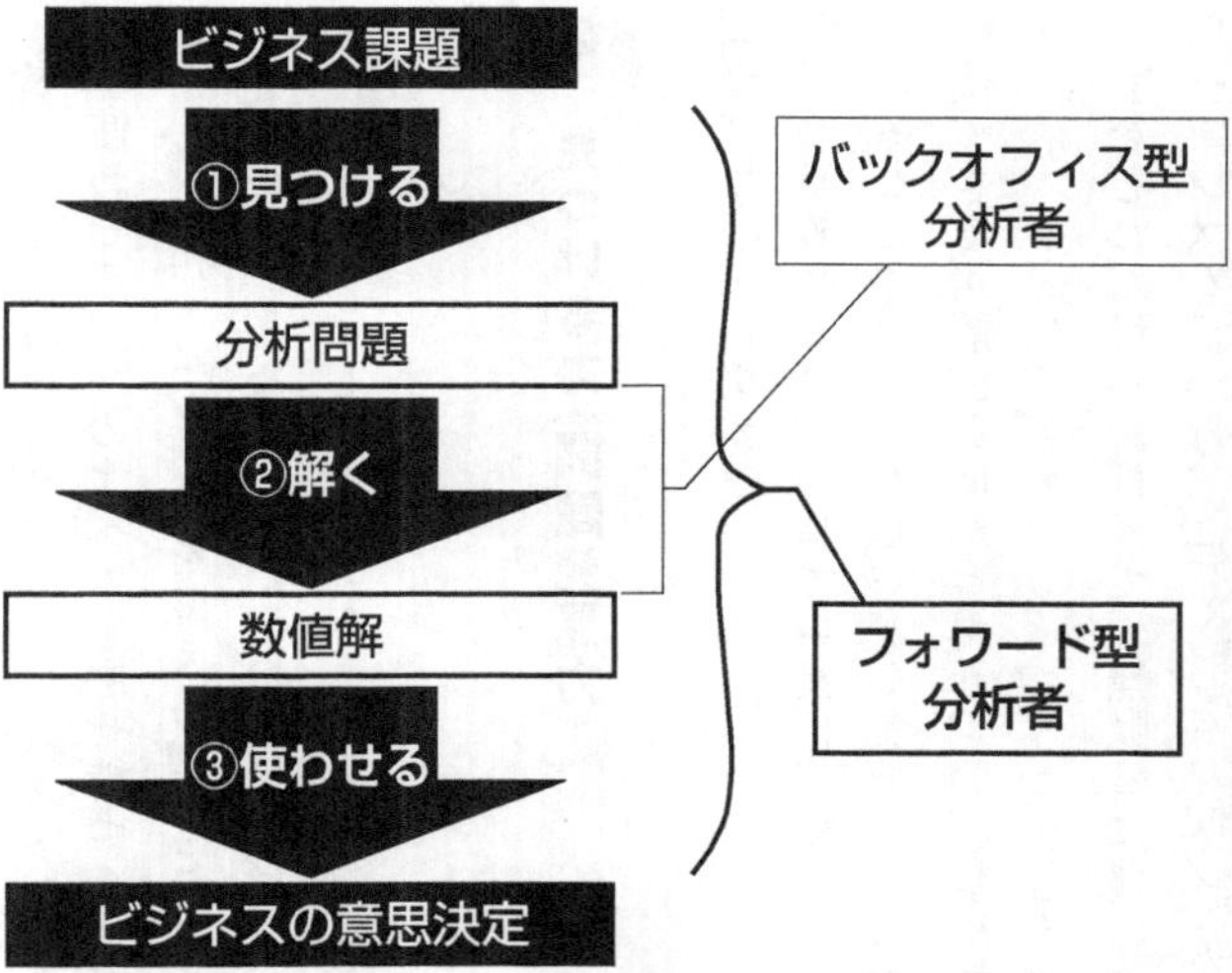

図2－4　バックオフィス型分析者とフォワード型分析者の守備範囲

リューションの導入まで手掛ける人を指します。前述の「見つける」「解く」「使わせる」をすべてやる人です。このうち、分析力でビジネスを変えられるのは、もちろんフォワード型分析者です。

つまり、「解く力」だけに長けたバックオフィス型分析者では、データ分析でビジネスを変えられないということです。しかし、企業も個人も「解く力」の育成ばかりに力を入れて、「見つける力」と「使わせる力」を疎かにしている。その結果、バックオフィス型分析者ばかりが増殖して、フォワード型分析者は生まれない状況に陥っているのです。

繰り返しますが、データ分析でビジネスを変革するには、「見つける力」と「解く力」と「使わせる力」のすべてを併せ持つことが必要です。私は、これら三つの力を総称して「データ分析でビジネスを変える力」と呼びたいと思います。

それでは、あなたが身に付けなければならない「見つける力」「解く力」「使わせる力」とはどんな力でしょうか。私の経験をもとに、三つの力を具体的に示しましょう。

2　見つける力（問題発見力）

「見つける」とは何か？

「見つける」とは、一言でいえば、ビジネスにおいてデータ分析を活用するチャンスを見つけることです。しかし、どんなチャンスでも良い訳ではありません。データ分析で問題解決できる可能性が低かったり、問題解決できてもビジネスに与える効果が小さければ、ビジネスを変革できません。このようなチャンスに捕まると、それに続く「解く」や「使う」をどれだけがんばっても無駄骨に終わってしまいます。反対に、実現性も効果も大きいチャンスを見つけ、「解く」と「使う」を無難に行えば、ビジネスを変革するに至るでしょう。すなわち、「見つける」段階で、全体ストーリーの成否はほぼ決まってしまうのです。

誰も気付かないようなビッグチャンスを見つけたとき、それはビジネス上の大きな競争力になる可能性を秘めています。ビジネスモデル特許で知的財産権を獲得できれば、長期にわたって他社の追随を許さないでしょう。仮に、他社に真似されたとしても、他社に先駆けて新たなビジネスモデルを展開すれば、先行者利益を得ることは可能です。

アマゾンは、ウェブ上での顧客の購買履歴や閲覧履歴を蓄積し、それを分析すれば、顧客一人ひとりの趣味や嗜好を探り出し、それに合致すると思われる商品をリコメンデーションすることで、売上を伸ばせる可能性に気付きました。このリコメンデーション機能は、アマゾンの収益に多大な貢献をしています。

建機メーカーのコマツは、世界中の工事現場で稼働する建設機械にセンサーやGPSを取り付け、そのデータを収集して分析することで、機器のメンテナンスや販売、また、資金回収に役立てる可能性に気付きました。このデータ活用により、コマツは「世界のコマツ」へと飛躍したのです。

それでは、データ分析でビジネスを変革できるようなチャンスを見つけるには、どんな力が必要なのでしょうか。

ヒラメク力

まず先立つものは、ビジネスシーンでデータ分析を活用できる機会をヒラメク力です。「このビジネスの意思決定において、こんなデータ分析をすれば役立つのではないだろうか？」というヒラメキです。データ分析でビジネスを変革していくサクセスストーリーは、このヒラメキが原点になります。

でも、何もないところからヒラメキが生まれることはありません。日頃から、ビジネスに悩み、データに関心を持ち、データ分析を活用する機会を貪欲に探している、そういった土壌でヒラメキが生まれるのです。もちろん、アマゾンやコマツの例のように革新的なデータ活用は、滅多にヒラメキません。でも、ビジネスとデータの両方があるところには、必ずデータ分析を活用する機会があります。

ここで、あなたのヒラメク力を試してみたいと思います。

あなたを、コールセンターを運営する責任者とします。コールセンターとは、お客様からの様々な要望を受け付ける電話窓口です。五〇〇人のスタッフが交代で二四時間対応しているとしましょう。さて、コールセンターの業務品質向上やコストダウンに向けてデータ分析を活用する機会を挙げてみてください。

○電話のトラフィックデータを分析して、時間帯別に受付スタッフ数に過不足ないか判断し、改善の余地があれば交代勤務の時間を変更する。
○電話受付に対するお客様の満足度アンケートをテキストマイニングし、受付スタッフの教育内容に反映させる。
○受付スタッフごとに応対時間の長さを分析することで、受付スタッフの応対能力を評価し、給与などに反映させる。
○受付スタッフの健康診断データを分析することで、受付スタッフの健康状態を監視し、要注意なスタッフには精神的な負担の低い内容を担当させる。

まだまだありますよ。あなたは、いくつヒラメキましたか?

もう一つ、試してみましょう。あなたを、乗用車を販売する営業所の所長とします。さて、営業所の販売台数を上げるためにデータ分析を活用する機会を挙げてみてください。

○エリアごとの平均所得データを分析して、購入の可能性が高い所得層が多く住むエリアにチラシを配布する。

○顧客の購入履歴データを分析して、買い替える可能性が高い顧客に重点的に営業する。
○好成績な販売員の営業トークをテキストマイニングし、営業教育の内容に反映させる。
○新車購入から車検やメンテナンスまで、個々の顧客がもたらす利益を集計し、優良顧客を囲い込む。

まだまだありますよ。あなたは、いくつヒラメキましたか？

ビジネスにも研究にも、データ分析を活用できる機会は山ほどあります。実際、私が所長を務めるビジネスアナリシスセンターでは、データ分析で毎年数多くのビジネス課題を解決しています。

でも私自身、データ分析を始めた当初は、データ分析を活用できる機会がこんなにあると思っていませんでした。漫然としていては、活用できる機会を見出せないのです。それが、近頃は、面白いようにデータ分析の機会が見えてしまいます。ビジネスの話を聞けば「こんなデータさえあれば分析力で解決できるかも！」とヒラメキ、データの話を聞けば「このデータはお宝だ。こんなビジネスに役立ちそうだ！」とヒラメキます。

このヒラメキには、数学力もIT力もまったく必要ありません。必要なのは、ビジネスとデータへの関心、そして、データ分析でビジネスを変えたいと思うマインドです。

ここで、私の勤め先での逸話を紹介しましょう。社内異動で、営業部から新たな部長が私たちの組織にやって来ました。異動から六ヵ月ほど経った頃、この部長から相談を受けました。

「営業部にいた頃、販売した機器の故障を修理するのにお客様を何日も待たせてしまう場合があった。メンテナンスマンが初回訪問時に故障部品を携行していけば、即日で修理完了するのだが、事前にどの部品が故障しているかわからないために、部品を入手してから再度訪問することになるんだ。でも、過去の業務データを分析したら、故障している部品を予測する方法を開発できるのではないか？」

さっそく私の同僚のO氏がデータ分析したところ、高い確度で予測できる手法を開発することに成功しました。結果、この予測手法はメンテナンス担当者に広く使われるようになり、修理の即日完了率を大幅に改善することに成功しました。

この部長は文系出身で、統計分析に関する高度な専門知識もなければ、データ分析をやった経験もそれほどありません。なのに、このようにデータ分析を活用する機会をヒラメいたのです。なぜか。ふだんからお客様を満足させるにはどうしたらいいかを考え続ける姿勢と、社内で蓄積しているデータへの関心、そして、データをビジネスに役立てていこうというスピリットを持ち合わせていたからです。

繰り返しますが、データ分析をビジネスに活用する機会を見出すのに、数学力もＩＴ力も必要ありません。データ分析の経験もいらないのです。実際、数学が得意で統計分析の難しい理論をよく理解しているのに、データ分析をビジネスに活用する機会を見出せない人はたくさんいます。反対に、前出の部長のように、数学が得意な訳ではなくデータ分析の経験もそれほどないのに、データ分析をビジネスに活用する機会を見出せる人もたくさんいます。

ビジネス側から発想する

データ分析を得意にされている方々は、「ビジネスをどう変革するか」よりも「どんなデータ分析をやってみるか」を先にヒラメクのではないでしょうか。でも、この思考プロセスでは、視野を狭くしてしまう危険があります。

たとえば、あなたを宅配ピザ屋のマーケティング部門のスタッフとしましょう。社長から、これまで手当たり次第にチラシを配布していたが、もっと効率的にチラシを配布して、売上を伸ばす方法を考えてほしいとの指示を受けました。そこで、あなたは、過去の販売データを分析することで、注文してくれる可能性の高い世帯の特徴を見出し、それに合致する世帯に集中的にチラシ配布してはどうかと考えました。

でも、よく考えてみてください。あなたが社長から受けた指示は「もっと効率的にチラシを配布して、販売量を増やしてほしい」という内容であり、「注文してくれる可能性の高い世帯に集中的にチラシを配布する」というのは、社長からの指示を達成するためにあなたが思いついた方策に過ぎません。この場合でしたら、「チラシを配布するタイミング（曜日など）を改善する」という方策も考えられます。「チラシに付ける割引券を工夫する」という方策も考えられます。方策が異なれば、データ分析も変わってきます。

「チラシを配布するタイミングを改善する」場合には、過去のチラシ配布日と電話注文量の関係を分析することで、週末と平日のどちらにチラシを配布するべきか、上旬、中旬、下旬のどのタイミングにチラシを配布するべきか、が解明されるでしょう。「チラシに付ける割引券を工夫する」場合には、過去のチラシ配布時に付けた割引券と電話注文量の関係を分析することで、割引券の有無などが注文量に与える影響を解明することができます。

もう一つ例を挙げましょう。あなたはアナリシスクリーム社の在庫管理のスタッフです。アイスクリームの売れ行きは気温に左右されます。暑くなれば売り切れになるし、涼しければ在庫が残ります。社長から、在庫管理を改善して、売り切れや在庫残りを解消してくれとの指示を受けました。そこであなたは、気象庁の一ヵ月予報を用いて販売量を予測し、入荷量の適正化を図ってはどうかと考えました。

でも、あなたが上司から受けた指示は「もっと在庫管理を改善して、売り切れや在庫残りを解消してほしい」という内容でした。それに対して、「気象庁の一ヵ月予報を用いて販売量を予測し、入荷量の適正化を図る」というのは、いくつかの方策の一つに過ぎません。別の方策として、たとえば、「販売量が予想を上回ってきたら、販売価格の割引をやめることで販売量を抑制する」といった方策も考えられます。この場合は、過去のアイスクリーム販売価格と販売量の関係を分析することで、割引をやめると販売量はどの程度減少するかが解明できます。

データ分析でビジネスを変革するチャンスを考えるとき、「こんなデータ分析は役立つのでは」という分析側からの発想スタイルでは視野が狭くなり、次善の策に甘んじる恐れがあります。それでは、データ分析で成果を出すチャンスを逃してしまいます。そうではなく、「ビジネス（意思決定）をこのように変えてはどうか」というビジネス側からの発想スタイルで考えるべきです。そうすれば、データ分析でビジネスを変える芽を見逃さないようになるでしょう。

目利きする力

あなたは、データ分析でビジネスを変革できるチャンスを見つけて、意気込んでデータ分析に取り組んでみたのに、思ったようにデータ分析を進めることができなかったり、データ分析はうまくできたのに、分析結果がビジネスに役立たなかったりした経験はないでしょうか？　データ分析には大変な時間と労力を要します。せっかく時間をかけてデータ分析をやったのに、無駄に終わってしまうようなことは、できる限り避けたいものです。どうすれば避けられるのでしょうか？

データ分析に着手する前に、思い描いた通りにデータ分析を進めることができるか、仮に思い通りにデータ分析を進めることができたとして分析結果はビジネスにどれだけ役立つかを「目利き」すればよいのです。

私も以前、データ分析をビジネスに活用できそうなチャンスがあれば、とりあえず分析してみる姿勢で臨んできました。しかし、思ったようにデータ分析を進めることができなかったり、苦労してデータ分析をしたのに分析結果がビジネスに役立たずに終わってしまったりして、時間を無駄にしてしまう非効率な状況に陥っていました。目利きの重要性に気付いてからは、データ分析に着手する前に、うまくいかないケースを事前に察知できるようになり、無駄なデータ分析に時間を費やすことが少なくなりました。

では、そのような目利きは、どうすればできるようになるでしょう。私のやり方は、データ分析でビジネスを変革するサクセスストーリーの青写真を描くことです。「どのようなデータを集めて、どのような分析を行って、分析結果からどのような知識が得られて、それをどのような意思決定にどのように活用すれば、従来の意思決定プロセスと比べてどのような改善が見られて、その結果、どれだけの効果が得られるか」。

もちろん、期待通りに分析結果が得られてビジネスに寄与できるかどうかは、実際に分析をやってみなければわかりません。しかし、仮に期待通りの分析結果が得られるとして、その場合ですらサクセスストーリーを描けないようでは、データ分析をやる前から無駄に終わることはわかっているのです。

サクセスストーリーをフロー化すると、**図2－5**のようになります。データ分析が成功するには、四つの壁を乗り越えなければなりません。一つ目の壁は「データの壁」、二つ目の壁は「分析の壁」、三つ目の壁は「KKDの壁」、四つ目の壁は「費用対効果の壁」です。このうち、「分析の壁」を越えられるかはデータ分析をやってみなければわかりませんが、それ以外の三つの壁を越えられるかはデータ分析をやる前から大体わかります。だから、データ分析に着手する前に、「データの壁」「KKDの壁」「費用対効果の壁」につ

図2－5　データ分析が成功するまでに越えなければならない4つの壁

いて越えられるかどうかを吟味し、一つでも越えられなければ、データ分析に着手することを再考すべきです。以下に、三つの壁について、吟味するポイントを述べたいと思います。

「データの壁」とは、データ分析に必要なデータが揃うかどうかということです。仮にデータがあっても、抜け値や異常値が多くては使い物になりません。データベース容量の制約で、過去一年分しかデータが残っていないかもしれません。データはあるけれども、個人情報なので分析に使わせてもらえないかもしれません。データがなければ分析は始まりません。まずは、「データ分析に必要なデータを入手できるか」を目利きしてください。

「ＫＫＤの壁」のＫＫＤとは先述の通り、「勘と経験と度胸」のことです。期待通りの分析結果を得られたとして、ビジネス現場で意思決定に使ってもらえるかどうかということです。ビジネス現場では、これまではＫＫＤで意思決定して、それなりにうまくやってきたのです。そこに果たして、期待通りの分析結果が得られたとして、データ分析がＫＫＤに入れ替わるだけの優位性を持っているのか見極めなければなりません。

私の経験では、マーケティング系や計画系の意思決定は、ＫＫＤに対して優位性を持つ場合が多い。しかし、オペレーション系の意思決定は、状況変化に応じた臨機応変な判断が求められるため、データ分析に基づく意思決定よりもＫＫＤに基づく意思決定のほうが優位になる場合が多いです。さらに、オペレーション系の意思決定はリアルタイムな判断が求められるため、データ分析による意思決定システムはそれに堪えうる信頼性を担保できるのか、疑問を持たれやすいのです。

「費用対効果の壁」とは、データ分析結果が意思決定に活用されたとして、それにより得られる効果は、データ分析を実施するのに必要な費用を十分に上回るかどうかということです。

データ分析の費用は、思っている以上に高くつきます。まず、データを整備する費用がかかります。社内のデータベースに保存しているデータを抽出し、それを分析できるようにフォーマットを変更しなければなりません。場合によっては、データベースを管理しているシステム会社に外注することになります。また、分析結果をオペレーション系の意思決定に活用する場合には、リアルタイムで分析結果を意思決定に活用できるように、データ分析フローをシステム化しなければなりません。システム化には相応の費用がかかります。この点もあって、特にオペレーション系の意思決定への活用を目指してデータ分析を手掛ける場合には、「費用対効果」を非常に用心して見極めなければなりません。

アナリシスクリーム社の事例で説明してみましょう。もし、営業部が販売量データを月間単位でしか保存していなかったらどうなるでしょう。分析したくても、日毎の販売量データがなければ、データ分析できません。その場合は「データの壁」を越えられません。もし、販売量の変動が激しくて、仕入れ量を決めるときに臨機応変な対応が求められるならば、どうなるでしょう。KKDに代わって意思決定に使われる見込みが立ちません。「KKDの壁」を越えられないのです。もし、在庫切れや在庫余剰による損失が年間一〇〇万円ぐらいだったら、予測手法をシステム化するのに何百万円も必要なことを考えると、費用対効果の観点で、現状を変える意味を見出せません。それは「費用対効果の壁」を越えられないということです。

データ分析に着手してからこれらの壁を越えられないことに気付いたら、それまでのデータ分析は無駄骨に終わります。データ分析に着手する前に一呼吸おいて、サクセスストーリーの青写真を描けるかをしっかりと見極めてください。そして、「データの壁」「KKDの壁」「費用対効果の壁」のうち一つでも越えられない場合には、データ分析に着手することを思いとどまってください。

3　解く力（いわゆる分析力）

「解く」とは何か？

「解」という字に、あなたは何を思い浮かべますか？　「問題を解く」などを思い浮かべるのではないでしょうか。でも、「解」は、「問題を解決する」にも使います。ここに、日本人が「解く」を誤解する原点があると思います。

英語では、「問題を解く」の解くにはAnswer、「問題を解決する」の解くにはSolveと使い分けます。ついでに言えば、英語では、「問題を解く」の問題にはQuestionを、「問題を解決する」の問題にはProblemを使います。このように、英語では言語的に両者を明確に区別しているのに、日本語では区別がなされていない。その結果、日本人は、「問題を解く」と「問題を解決する」の違いを曖昧にしか理解できていないように思えます。

両者では、意味が異なるだけでなく、思考プロセスも大きく異なります。「問題を解く」思考プロセスは、「試験問題を解く」をイメージすればわかるように、あらかじめ定義された問題に対して、教科書的な方法で正解を導くプロセスです。受動的で定型的な思考プロセスです。一方、「問題を解決する」思考プロセスは、問題は曖昧にしか定義されていません。自分で問題を解釈して定義し、自分で解く方法を考案し、自分がベストと考える解を導くプロセスです。能動的で非定型的な思考プロセスです。

さて、データ分析は、どちらの「解く」だと思いますか？　もし「問題を解く型」だと思う方がいたらその方は、データ分析を「試験問題を解く」感じで捉えているのではないでしょうか？　この捉え方では、ビジネス組織から与えられた定型的な問題に取り組むだけの便利屋的な仕事しかできません。データ分析でビジネスを変革するには、「問題解決型」の姿勢を持たなければなりません。

アナリシスクリーム社の事例を思い出してください。「解く」に相当するのは第二幕です。第二幕を始めるにあたり、第一幕の結論は何だったでしょう。「アイスクリーム販売量の予測誤差を低減するという課題に挑戦する」です。第二幕の「解く」を始めるにあたり、決まっているのは、大雑把な課題だけでした。

もしこれが試験問題だったら「翌日のアイスクリーム販売量を予測する式を導出してください。予測式の作成には、下表にある過去一〇年分の販売量データと気温および暦データを用いてください。予測式と平均誤差を解答してください」といった感じで、問題もデータも決まっているでしょう。

では、両者で「解く」プロセスはどう違うのでしょう。アナリシスクリーム社の事例では「解く」は本書で四ページにもわたるロングストーリーでした。試験問題を「解く」場合だったら「まず、データを確認します。いくつか欠損値や異常値を発見したので、修正しました。次に、分析モデルを決めます。翌日のアイスクリーム販売量＝a×気温＋平休日フラグ×b＋cというモデルを仮定し、線形回帰分析でパラメータを求めました。そのモデルを用いた予測誤差を計算したところ、＊％になりました」。たったこれだけです。

右の例を念頭に、「ビジネス課題をデータ分析で解決すること」は、「試験でデータ分析問題を解くこと」とは何が違うのか整理してみましょう。

一点目は、分析する問題を自ら設計しなければならないことです。ビジネスにおいてデータ分析を用いる場合、試験問題のように分析問題はあらかじめ決まっておらず、解決しなければならないビジネス課題が決まっているだけです。だから、アナリシスクリーム社の第二幕においては、分析する問題を決めるところから始めました。下手な問題設定をすると、苦労して解いても、実用的でなかったり効果的でなかったりします。アナリシスクリーム社の事例では、仮に一週間先までの販売量を高精度に予測するモデルを開発しても、仕入れ業務では二週間先まで先読みしなければならないので役立ちません。実際のビジネスに使うにはどういう問題をどれぐらいの精度で解けばいいのか、それを念頭に問題設定しなければなりません。

二点目は、解き方を発想し、選択しなければならないことです。試験に出題されるデータ分析問題を解く場合、模範的な解法で答えを出せばＯＫです。しかし、ビジネスでデータ分析する場合、模範的な解法などありません。自ら解き方を考えて、選択しなければなりません。でも、数字とにらめっこしていても、解き方は出てきません。解く対象は、机上の数学問題ではなく、ビジネスにおける実問題なのですから、解き方の手掛かりはビジネスの現場にあります。

三点目は、むやみに精度や分解能を高くしても、逆効果ということです。分析者の中には、ほんの僅かでも精度や分解能を高めることに懸命になる人が多いのです。アイスクリーム販売量予測の例で言えば、予測誤差を○・一％でも改善しよう、全体の販売量予測ではなく市区町村別、さらには店別に予測しようとするようなものです。たしかにこれが、試験で出題されたアイスクリーム販売量予測の問題を解くのであれば、模範解答になるかもしれません。

しかし、ビジネスにおいては、むやみに精度や分解能を高めると副作用を伴います。「複雑さ」という副作用です。「複雑さ」は、理解を困難にし、運用を難しくします。結果として、ビジネス担当者にとって納得しにくく、かつ、導入する煩わしさを大きくし、分析結果をビジネスに活用する「心理的な壁」を高くします。分析者は、このような事態に陥らないよう、意思決定に過不足のない「精度」と「分解能」を追究して解く力を備えなければなりません。

四点目は、分析ミスをしたら、「減点」ではなく「損失」になることです。試験問題でミスしたら減点されるだけですが、ビジネスでデータ分析をする際にミスをしたら取り返しのつかないことになるかもしれません。たとえば、アナリシスクリーム社の事例で、データ分析の途中でデータを取り違えて、間違えた予測式を導出してしまったらどうなるでしょうか。間違えた予測式を信用して仕入れ量を決めてしまったら、在庫不足になったり倉庫が溢れたりするでしょう。これではアナリシスクリーム社の経営を揺るがしかねません。ビジネスでデータ分析をする場合には、分析ミスは絶対に許されないのです。

世の中には、データ分析の参考書やセミナーがたくさんあります。でも、これらの多くは、「試験でデータ分析問題を解く」ための教育です。統計分析などを用いて解析する能力やデータをクレンジングする能力は育成してくれても、それだけでは「ビジネス課題をデータ分析で解決する」には足りません。それでは、他にどのような能力が必要でしょうか？　それをこれから説明したいと思います。

分析問題を設定する力

試験でデータ分析問題が出題される場合には、使えるデータや求める解は明確に定義されています。場合によっては、解く方法まで定義されている場合もあります。一方、ビジネスにおいてデータ分析をする場合、試験問題のようには問題は明確に決まっていません。「アイスクリームの販売量予測誤差を低減しよう」というように、大雑把な問題が決まっているだけです。だから、分析者は、自分で分析問題（どういうデータからどういう解を求めるか）を設定しなければなりません。

分析問題を設定するときに忘れてはならないのは、分析する目的です。試験に出題される データ分析問題には、目的はありません（あえて言えば、良い点数を取ることが目的でしょうか?）。一方で、ビジネスでデータ分析する場合は、分析結果を意思決定に活用してビジネスに貢献するという目的があります。アナリシスクリーム社の例では、仕入れ量を適正化して在庫の過不足を回避するということが目的です。

ですから、問題設定にあたっては、目論見通りに問題を解けたとして、その解は意思決定に活用できてビジネスに貢献するかを自問自答しなければなりません。解けてもビジネスに役立たないような問題を設定してしまうと、苦労して解いても無駄に終わります。問題設定を十分に吟味せず、拙速にデータ分析を行ったために、せっかくのデータ分析が徒労に終わる例を挙げたいと思います。

まず、機器故障の予兆診断のためのデータ分析の例です。あなたは、プラントの設備管理の担当者です。プラントにはいくつかのポンプが設置されており、一つでもポンプが故障すると、プラント全体が停止に追い込まれて、大きな損失につながります。そこで、工場長から、ポンプ故障を予兆してメンテナンスすることで、故障を回避してほしいとの指示を受けました。幸い、ポンプの運転データについては、温度や吐出圧、振動量といったデータを蓄積していました。あなたは、故障時と正常時のデータを比較すると、故障の直前に温度が通常よりも上昇することをつかみました。あなたは自慢顔で工場長に報告に行きました。工場長からは「よくやった」という言葉をもらえると思っていたら、「馬鹿もん。故障の直前に予兆できても仕方ないじゃないか。工場の操業に影響が出ないようにメンテナンスするためには、少なくとも二日前までに故障を予兆できなければ駄目だ」と言われました。

もう一つ例を挙げましょう。あなたを宅配ピザ屋のマーケティング部門のスタッフとしましょう。社長から、これまですべての登録会員にダイレクトメールを送付していたが、もっと効率的に送付して、コストダウンを図ってもらいたいとの指示を受けました。

そこであなたは、注文してくれる可能性の高い会員に集中してダイレクトメールを送付してはどうかと考えました。そして、以前に一〇〇〇名ほどを対象に行ったアンケートを思い出し、このアンケートデータを活用すれば、どのような会員にダイレクトメールを送付するのが効果的なのかがわかるのではないかと思いました。アンケートには、宅配ピザ注文の頻度とともに、職業や年収、家族構成、趣味などのデータが含まれています。データ分析をした結果、あなたは、共働き、特に子供が小学校高学年以上の世帯に宅配ピザ注文の可能性が高いことを見出しました。あなたは自慢顔で上司に報告に行きました。当然上司から「よくやった」という言葉をもらえると思っていたら、「馬鹿もん。共働きかどうかや、子供の年齢などは、会員データからはわからないだろう！」と言われました。

会員データからわかるのは、たかだか、本人の性別や年齢、家族構成ぐらいです。共働きかどうかとか、子供は小学校高学年以上かといったことは、会員データからはわかりません。ですので、詳細なアンケートデータを分析して得られたせっかくの知見は、ピザ屋のダイレクトメール送付に役立たないのです。

つまりいずれの場合も、解いても意思決定に役立たない問題を設定してしまったのです。重要なことは、そのような問題設定をしてしまったら、どれだけ斬新な知見、どれだけ高精度な知識が得られても、そのデータ分析は無価値だということです。

それでは、前記の例において、どのような問題設定をすべきだったのでしょうか。前者については、故障の二日前の時点における計測値に異常はないか分析し、故障の兆候になるような傾向を見つけられないか探すべきでしょう。故障直前と比べると、二日前の時点では明確な兆候は見えにくいと思います。でも、メンテナンスで故障を回避するには、二日前までに故障を予見しなければなりません。だから、故障予知の確度は下がっても、二日前の時点におけるデータを用いて予兆診断の方法を考えなければなりません。

後者については、会員データに登録されている性別や年齢、家族構成と宅配ピザ発注量の関係を調べるべきです。年齢が比較的若いほうが、宅配ピザの発注量は多いかもしれません。夫婦二人だけの世帯は、宅配ピザの発注量が多いかもしれません。もちろん、共働きのほうが、宅配ピザを注文する確度が高いデータかもしれません。しかし、「共働きの世帯は宅配ピザを注文する可能性が高い」という知識は、ダイレクトメール送付先の決定に活用できないのです。一方で、年齢や家族構成は、宅配ピザを注文する緩やかな要因に過ぎないかもしれません。それでも、多少なりとも、宅配ピザを注文する可能性と関係するのであれば、これらは、ダイレクトメール送付先を決定するときに役立ちます。

ビジネスでデータ分析をする場合、どれだけ多数の知識を得ても、どれだけ確度の高い知識を得ても、それが意思決定に役立たなければ無価値です。残念なことに、分析者は、往々にして、高度な分析力を発揮する誘惑や、問題を解明したい好奇心にかられて、意思決定に役立たなければ無価値であることを忘れがちです。

分析者は、このような誘惑や好奇心に惑わされず、意思決定に役立ってビジネスに貢献することだけが目的であることを念頭に、それに焦点を絞った問題設定をする力を養わなければなりません。

現場力で解く力

試験に出題されるデータ分析問題を解く場合、提示されたデータと模範的な解法を使って答えを得ればOKです。

一方、ビジネスでデータ分析する場合、解き方は決まっていません。分析に用いるデータも決まっていなければ、分析に用いる数学手法も決まっていません。アナリシスクリーム社の例で言えば、アイスクリーム販売量を予測するのに「アイスクリーム販売量＝a×気温＋b×降水量＋c×平休日フラグ＋d×夏休みフラグ＋e×盆休みフラグ＋f×広告フラグ」という予測モデルを用いました。でも、これは一案に過ぎません。降水量を使わなくてもいいですし、降水量の代わりに湿度を用いても構いません。アイスクリームと気温の関係を二次関数（アイスクリーム販売量＝a×気温2乗＋……）と考えても構いません。カップアイスクリームとソフトクリームを分けてモデル化しても構いません。どんな分析モデルを用いるかは分析者が考案しなければならないし、数ある分析モデルの中でどの分析モデルを選択するかは分析者の裁量に委ねられているのです。

では分析者は、どうやって解き方を考えるのでしょう。データの羅列を見ていても、統計分析の参考書を見ていても、アイデアは出てきません。解き方のヒントは、ビジネスの現場にあるのです。ビジネス担当者に訊けば、いろいろな手掛かりが出てきます。「アイスクリーム販売量は、気温に大きく影響を受ける」「雨の日は、売れ行きが激減する」「アイスクリームとアイスキャンディでは、売れ方が異なる」……。こういった手掛かりから、解き方のヒントが得られるのです。

分析結果を解釈するときにも、現場の知恵は必要です。分析結果から得られるのは、データ間の関係だけであり、その因果（原因と結果）まではわかりません。たとえば、先に挙げたプラントの例では、温度が上昇するとポンプの圧力も上昇することはわかっても、どちらが原因でどちらが結果かはわかりません。また、データ間の関係がわかったとしても、それは無意味な関係かもしれません。たとえば、プラント起動時に温度が上昇すると共に圧力が上昇するのは当たり前のことであり、何ら新しい知見を提供していないのです。

最近、「相関分析だけでプラントの故障診断を自動的に行う手法」が話題になっていますが、開発者に訊いてみると、実際は分析するだけでは故障診断はできないことを教えてくれました。分析結果から得られた相関関係について、プラント現場のオペレーターに意見をもらわなければ、どの相関関係は意味があり、どの相関関係は意味がないのか、わからないのです。

解き方を考えるときにも、分析結果を解釈するときにも、その手掛かりは現場にあります。ですので、解くためには、ビジネス担当者とコミュニケーションを図り、解くための手掛かりを聞き出す力が不可欠なのです。

実際、私のチームのメンバーは、データ分析を進めるにあたり必ず現場に足を運びます。たとえば、メンテナンス業務を効率化するためのデータ分析をする場合ならば、メンテナンスマンに業務内容や課題をヒアリングし、場合によってはメンテナンス現場に同行して分析の手掛かりを探します。車両配置を最適化するためのデータ分析をするならば、車両ドライバーに運転ルートや運転スピードをヒアリングし、場合によっては車両に同乗して分析の手掛かりを探します。

私は、分析者がこのように現場に赴き、現場の意見をデータ分析に反映するプロセスを、「分析力と現場力の融合」と呼んでいます。データ分析から得られる知見と現場の勘と経験を融合することで、無味乾燥なデータの世界からビジネスに役立つ知見が生まれるのです。

過不足なく解く力

解くときに、分析者が陥りやすい罠が二つあります。「細かく解く罠」と「小さく解く罠」です。いずれも、分析者の中に多い完璧主義者が陥りやすい罠です。

「細かく解く罠」とは、誤差を少しでも小さくすることだけに気を取られて、不必要に細かく解いてしまうことです。

アナリシスクリーム社の例に戻りましょう。用いた分析モデルは、「アイスクリーム販売量＝a×気温＋b×降水量＋c×平休日フラグ＋d×夏休みフラグ＋e×盆休みフラグ＋f×広告フラグ」です。もちろん、このモデルで過去のアイスクリーム販売量を完全に再現できる訳ではありません。第1章で述べた通り、分析モデルは所詮プラモデルなのです。アイスクリームの販売量というのは、実際には何千万人もの消費者の行動や欲求で決まる大規模で複雑な現象ですが、それを前記のような単純な数式だけで近似しています。ですから、どれだけ分析モデルを工夫しても誤差を伴います。これを「分析モデルの誤差」と呼びます。

完璧主義の人は、この「分析モデルの誤差」を少しでも低減することに重点を置きます。分析モデルの説明変数を増やしたり、商品別とかエリア別といったように分析モデルを細分化していくことで、分析モデルの誤差を僅かでも低減することに力を注ぐのです。そして、誤差を僅か○・○一％改善できたことを誇りに思います。

しかし、分析モデルをどれだけ細かくしても、分析モデルの誤差は、無くなることはありません。それに、この分析モデルを将来の予測に使う場合には、気温予測や降水量予測の誤差、すなわち「予測のために用いる予測の誤差」も伴います。さらに、競合メーカーが新製品を出すなどといった予想外の出来事が発生すれば、この分析モデルの前提条件が崩れて通用しないかもしれません。

ビジネス担当者は、たった○・○一％の誤差改善をするために、たくさんのデータを用いた複雑なモデルを使いたいと思うでしょうか。たくさんのデータを使いモデルを複雑にすると、運用が大変になります。それに分析モデルの納得感も得にくくなります。風速がアイスクリーム販売量に影響すると言われても、仕入れ担当者は納得できないでしょう。データ数が増えれば、データ入力ミス等のヒューマンエラーの温床にもなります。

ビジネスでデータ分析をする場合、分析モデルの誤差が小さいからといって評価されません。その解がどれだけビジネスに貢献したかで評価されるのです。そのためには、誤差の小さい解であることはもちろん重要ですが、ビジネス担当者が使う気になる解であり、ヒューマンエラーを伴いにくい解であることも重要です。

ですから分析者は、僅かな誤差低減を求めてひたすら高精度や高分解能な分析モデルを追求するのではなく、その誤差低減がビジネスに与えるインパクトを見極め、それが些細な場合にはむやみに分析モデルの精度や分解能を追求することは控えるべきです。

もう一つの罠は、「小さく解く罠」です。「小さく解く罠」とは、入手できるデータが限られている場合などに、本来解くべき問題領域を小さくして解いてしまうことです。

データ分析をする際に、分析に必要なデータがすべて入手できることはあまりありません。入手できても、サンプル数や期間が短すぎたり、データにノイズが多すぎて信頼性に欠けたりします。完璧主義の人は、往々にして、このようなデータを使うことを避けようとします。このような不完全なデータを用いると、せっかくの理路整然とした数値解析が曖昧になってしまうからです。

たとえば、ある化粧品販売会社で販売量が減少しており、その要因をデータ分析で追究する場合を想定しましょう。社内で過去の販売データを探してみましたが、残念ながら商品によって過去の販売量データが欠損していたり、年単位の販売量データしか保存されていなかったりします。一方、最近増えてきたネット販売のデータは、すべての商品についてて日単位で販売データが保存されています。このような状況だと、完璧主義の分析者は、ネット販売のデータだけを用いて分析するかもしれません。ネット販売データは完全に揃っているので、データに曖昧さがないからです。

でも、考えてみてください。ネット販売は全体販売量のごく一部かもしれません。しかも、全体的には販売量は減少しているのに、ネット販売は増加している。部分的かつ特異なデータをどれだけ完全に分析しても、その分析結果から全体を解明するのは論理的に無理があります。

意思決定者にとって、曖昧な分析結果は、曖昧な手掛かりぐらいにはなります。しかし、論理的にギャップのある分析結果は、それがどれだけ確実であろうと、手掛かりにはなりません。意思決定者は、正しいデータ分析を欲しているのではなく、正しい意思決定を欲しているのです。全体問題を解くだけのデータが揃っていないからといって、データが揃っているレベルに問題領域を縮小してしまうと、正しい分析だけれども、意思決定の手掛かりにはならない分析結果が得られるだけです。

完璧主義の分析者は、分析誤差の低減や曖昧さの回避に重点を置きすぎるあまり、意思決定に役立つことが二の次になってしまうのです。第1章で説明した通り、データ分析の価値は「意思決定にどれだけ役立ったか」だけです。そのことを忘れず、「細かく解く罠」や「小さく解く罠」に陥らないようにしなければなりません。細かすぎず粗すぎず解く、小さすぎず大きすぎず解く、それが、過不足なく解く力です。

分析ミスをしない力

ビジネスでデータ分析をする際に分析ミスをしたら、取り返しのつかないことになるかもしれません。アナリシスクリーム社の事例では、間違えた販売量予測式を用いることで在庫の過不足を継続的に招き、大損害を被ったかもしれません。金融機関は、住宅ローン審査をする際に、顧客の年収データなどを分析して貸し出しの可否を判断します。もし、このデータ分析にミスがあって、本来は貸し出すべきでない顧客にも貸し続けたらどうなるでしょう。住宅ローン返済の延滞が多発し、金融機関は倒産するかもしれません。証券や為替の取引においては、マーケットデータを分析して市況を判断し、売り買いを決定します。そんな中で、データ分析にミスがあれば、簡単に億円単位の損失を生むでしょう。

しかし分析者の多くは、分析ミスをしても「うっかり間違ってしまいました〜」といった感じで、悪びれた様子もありません。「ミスはしたけど、こんな複雑なモデルを作ったんだからすごいでしょ」といった声が聞こえてきそうです。このような分析者は、試験問題を解くぐらいの責任感しか持ち合わせていないのです。

ビジネスでデータ分析をする場合、絶対に分析ミスをしない覚悟で臨まなければなりません。分析ミスは間違えた意思決定につながり、会社に多大な損害を与えるかもしれない、そういった意識を強く持たなければなりません。

では、その意識をどう行動につなげるか。一つは、分析ミスをしないように注意を払うことです。しかし、人間の行動に絶対はありません。特に、データ分析の場合には大量のデータと計算式を使うために、ミスを皆無にすることは容易ではありません。それを補うには、「検算力」を身に付ければ良いのです。データ分析における効果的な検算方法は、最初と最後を比べることです。

たとえば、アナリシスクリーム社の事例では、分析に用いたデータ（気象データや販売量データ）と導出した予測モデルを比べるのです。予測モデルに気象データを代入して予測量を算出し、それを販売量データと比べることで、想定を超える誤差や看過できないバイアスが発生していないか検証できます。最適化問題の場合には、初期データを変えた場合に最適化結果がどう変わるかを観察し、その変化理由の論理的な説明を試みることで、おおよその妥当性を検証できます。大切なのは、分析ミスは皆無にはできないという謙虚さを持ち、そして、意思決定に差し障りのない程度の正確さは必ず担保する責任感を持って臨むことです。

「解く力」のコモディティ化？

ウェブ上では、データ分析力を競うコンテストサイトがあります。その名は"kaggle"。企業が自ら抱えるデータ分析課題を開示し、懸賞金を出して、優れたデータ分析を公募するサイトです。マイクロソフトやフォード、デロイトなど数多くの企業がkaggleに懸賞金を出して、データ分析を公募しています。

kaggleの仕組みを簡単に説明しましょう。たとえば、ある銀行が、顧客の破産確率を予測するためのデータ分析を公募したとします。銀行は、分析に必要なデータをウェブ上に開示します。たとえば、個々の顧客の預金残高や推定年収、年齢、職業、そして、過去の破産履歴。もちろん、個人のプライバシーを侵害しないよう、氏名や住所など個人を特定できるデータは除外されています。応募する分析者は、これらデータをダウンロードして分析し、破産確率を最も正確に推定するようなロジックを開発します。そして、別途用意されたテスト用のデータセットに対して本ロジックを用いた予測を行い、結果をウェブ上にアップロードします。kaggleの事務局は、送られてきた予測結果と実績（正解）を比較して、その予測誤差をもって優勝者を決めます。

懸賞金の額は数億円にのぼる場合もあります。Heritage Provider Networkが提供している懸賞金は三〇〇万ドルです。これは、過去の保険金請求データをもとに、一年以内に入院する患者を予測する問題です。世界中の一〇〇〇人以上の分析エキスパートが競い合っています。但し、大半の懸賞金は一万ドル以下です。中には、懸賞金の代わりに、従業員としての採用を約束する場合もあります。

kaggleは懸賞金が高額化していくことを期待しているようですが、私は長期的には低額化すると読んでいます。優秀な分析者は世界中にいます。先進国だけでなく、インドや中国にも多数います。分析者の中には、定職に恵まれずに数万円の懸賞金でも全力をつくす人もいるでしょう。大学の教員や研究者は、懸賞金よりも優勝による知名度アップを目論んで勝負するかもしれません。週末の趣味で応募するサラリーマンもいるかもしれません。こういった応募者が増えてくると、低額の懸賞金でも十分な応募数を期待できると思います。

kaggleのようなサイトの登場は、何を意味するのでしょうか。企業や個人は、自ら高度な解析能力を持たなくても、一〇〇万円支払えば世界中の優れた解析力を持つ専門家の力を借りることができるのです。懸賞金が低額化してきたら、数万円で世界中の分析者の能力を借りられるかもしれません。企業は、自身で解決できなくても、必要なときに懸賞金を支払えば、データ分析で問題を解明できるのです。もしかしたら、「解く力」はコモディティ化していくかもしれません。

アマゾン・ドット・コムの成功要因の一つは、リコメンデーション機能にあります。アマゾンでは、「トップページ」や「おすすめ商品」で商品のリストが提示されますが、これはリコメンデーション機能により、その顧客が過去に購入した商品と類似した属性を持つ商品を自動的に提示したものです。アマゾンは、独自にリコメンデーション分析技術を開発し、実用レベルでは最先端を走っていると言われています。でも、kaggleのようにウエブ上で分析技術を公募する時代には、そのような分析技術だけでは差別化につながらないかもしれません。実際、ネットフリックスという米国のＤＶＤレンタル会社は、リコメンデーション分析技術を公募し、それまでのリコメンデーションの精度を一〇％以上も改善することに成功しました。

もし「解く力」がコモディティ化しても、「解く力」が不必要な訳では決してありません。「解く力」は分析力を武器とする企業にとって不可欠です。機密性の高いデータは外部への開示をためらう場合もありますし、何でもかんでも他人頼みでは臨機応変な分析はできません。他社には秘密にしておきたい分析ノウハウについては、社内に温存したいでしょう。何よりも、「解く力」と「見つける力」と「使わせる力」は三位一体です。「解く力」が備わっているからこそ、解けるかどうかのフィルターを通して「見つける」ことができますし、自ら解くことで得た自信を持って「使わせる」ことができるのです。ですから、企業は「解く力」を保有する必要はあります。ただし、高度な「解く力」だけで他社と差別化することは難しくなってくるかもしれません。考えてもみてください。あなたの企業にどれだけ優れた分析者が在籍していても、kaggleで公募すれば世界中の優れた分析者の力を借りられるのですから。

4 使わせる力（実行力）

「使わせる」とは何か？

「使わせる」とは、データ分析で得られた解をビジネスの意思決定に使わせることです。読者の中には、解を意思決定に使うのはビジネス担当者の仕事であり、分析者の仕事ではないと思う人もいるかもしれません。でも、その考え方は無責任ではないでしょうか？

あなたは企業に勤めていて、業務上の課題を解決するためにデータ分析を行っているとしましょう。がんばってデータ分析を行い、その結果を社内でプレゼンテーションしました。あなたの役割は、これで終わりでしょうか？　どれだけ立派な分析をしてどれだけ多くの解を得ても、それだけでは一銭の利益にもなりません。その解が意思決定に活用され、結果としてコストダウンや利益増加などの効果を生んでこそ、そのデータ分析はビジネスに価値をもたらしたことになるのです。

もしあなたがデータ分析までを守備範囲と考え、それを意思決定に使うのは守備範囲外と考えると、どんなことが起こるでしょう。あなたは、ビジネス担当者向けにパワーポイントで立派なプレゼンテーションをしました。あなたの役割はこれで終わり、あとはビジネス担当者に委ねられます。ビジネス担当者は、あなたの発表を聞いているときには「すばらしいデータ分析ですね〜」と持ち上げていても、内心は「こんな分析をされると、仕事が増えて面倒くさいなあ」と思っているかもしれません。ビジネス担当者が「この分析結果を用いればコストダウンにつながる」と理解してくれたとしても、日常業務に忙殺されて、あなたのパワーポイントは資料の山に埋没して忘れられるかもしれません。こうなると、あなたが苦労して求めた分析結果は、ただの紙切れです。

さらに言えば、あなたの分析結果が意思決定に使われることになっても、安心はできません。ビジネス担当者は、あなたの一時間程度のプレゼンテーションを聞いただけで、分析結果を完全に理解できているとは考えにくいからです。

アナリシスクリーム社の例に戻りましょう。アイスクリーム販売量の予測式について、本来は誤差が非常に大きくて実用に堪えないのに、誤差を忘れて仕入れ業務に使えばどうなるでしょう。在庫不足を招くかもしれません。本来は夏季の販売量の予測式なのに、それを春季や秋季の販売量予測に用いたらどうなるでしょう。販売量を過大予測して、過剰在庫を抱えるかもしれません。こうなると、あなたが苦労して求めた分析結果は、会社に貢献しないどころか、損害を与えることになります。

あなたがデータ分析でビジネスを変えようと思うならば、自らの守備範囲を、分析結果を報告するまでではなく、意思決定に使われるまでと考えるべきです。すなわち、ビジネス担当者に分析結果を正しく使ってもらうところまでを守備範囲と考えるべきです。この守備範囲でのあなたの役割は三つあります。

一つ目は、分析結果が意思決定に役立つか否かを判断することです。アナリシスクリーム社の例では、予測誤差が大きすぎるのであれば、仕入れ業務に使うことは不可という判断をしなければなりません。

二つ目は、ビジネス担当者に向けて、分析結果を意思決定にどのように使えるかを説明することです。アナリシスクリーム社の例では、データ分析で得たのは七月〜九月の販売量を予測する式ですから、夏季の仕入れ業務に使うべきであり、他の季節の仕入れ業務には使えないことを説明しなければなりません。それと同時に、分析結果を意思決定に使うのにどれだけの手間や費用がかかるのかも説明しなければなりません。

三つ目は、ビジネス担当者が分析結果を実際の意思決定に使いやすいように支援することです。アナリシスクリーム社の例では、せっかく高精度な販売量予測ができるようになっても、仕入れ担当者が勘と経験に基づくやり方を改めることに抵抗を示したので、その抵抗心を解きほぐす努力をしたのです。

以下では、これら三つの役割を果たすのに求められる能力について説明します。

意思決定に使えるか見極める力

予測問題や判別問題で完全な解が得られるなら、何の心配もせずにそれに従って意思決定すればいいはずです。しかし、データ分析をしても、完全な解を得ることはできません。予測問題でも、判別問題でも、どれだけ努力して解いても、外れる可能性は残ります。二週間後のアイスクリーム販売量も、明日の株価も、誰が自動車を買ってくれるかも、正確に知っているのは神様だけです。人間は、分析力をどれだけ駆使しても、当てる確率を高めるのが精一杯で、完全に当てることはできません。予測結果や判別結果を信じて意思決定をしても、それが不幸にも外れたら、結果的に誤った意思決定につながり、場合によっては致命的な損失につながります。

ですから、苦労してデータ分析で解を得ても、喜び勇む気持ちをぐっと抑えて、本当に意思決定に使ってもいいか慎重に見極めなければなりません。運が悪ければどれぐらい外れそうか、外れたときにはどれぐらいの損失につながるかを見極め、看過できないような損失につながる可能性があれば、苦労してデータ分析で得た解であっても、意思決定に用いることに慎重になるべきです。

もう少し構造的に説明しましょう。解の外れ方は、外れ幅と外れ頻度によって、図2－6に示すように四パターンに類型化できます。「大外れ×高頻度」「大外れ×低頻度」「小外れ×高頻度」「小外れ×低頻度」です。「大外れ×高頻度」の例としては株価予測、「大外れ×低頻度」の例としては渋滞予測、「小外れ×高頻度」の例としては気温予測が挙げられます。

一方で、意思決定にも様々な種類があります。解が少しでも外れたら致命的な意思決定、多少外れても問題のない意思決定。たとえば、会社の命運をかけた投資判断や人命を左右する意思決定は、「大外れ×高頻度」だけでなく「大外れ×低頻度」すら許容できないでしょう。一発勝負型の意思決定は、一回でも大外れすると致命的な損失を被るのです。対して、顧客への

外れ頻度 ＼ 外れ幅		
	小外れ × 高頻度	大外れ × 高頻度
	小外れ × 低頻度	大外れ × 低頻度

図２－６　解の外れ方の分類

商品リコメンデーションや住宅ローン審査は、「大外れ×低頻度」ならば許容できるかもしれません。繰り返し型の意思決定は、一回ぐらい大外れしても損失は知れているのです。

こう考えると、データ分析の結果を意思決定に使えるか見極めるプロセスとは、「どれぐらい外れそうか」を推し量るステップと、「意思決定は、その外れを許容できそうか」を判断するプロセスに分けられます。このうち、見誤りやすいのは、「どれぐらい外れそうか」です。

残念ながら、多くの人は、「どれぐらい外れそうか」を甘く見てしまいます。たとえば、前出の投資ファンドLTCM社は、金融商品の価格予測は外れても僅かだろうと思い込み、予測結果を信じ込んで大量の金融取引を行ったところ、想定外の価格下落に遭遇して大損失を被り倒産しました。過剰投資で倒産する会社は、需要予測は外れても僅かだろうと思い込み、需要は確実に伸びると考え工場を作ったところ、想定外の需要低迷に遭遇して倒産するのです。

外れを甘く見てしまうのは、「外れを想像する力」に欠けているからです。解が外れる要因としては、前節で述べた通り、①分析モデルが誤差を伴うこと、②予測に用いる予測値が外れること、そして、③分析モデルの前提条件が崩れることが挙げられます。多くの人は、①と②はしっかり意識するのですが、③については想像すらできないようです。

アナリシスクリーム社の例に戻りましょう。あなたは仕入れ担当者です。開発した販売量予測手法で、二週間先までのアイスクリーム販売量を予測して、仕入れ量を決定します。さて、販売量の予測が外れる要因として、あなたは何を挙げますか？ そもそも、モデルは誤差を伴うので、多少は外れるでしょう。気象庁が発表する予測気温が外れた場合には、それを用いた販売量予測も外れるでしょう。

でも、外れる可能性として、こんなことも考えられませんか？ アイスクリームの新製品が爆発的にヒットして、販売量が急増した。あなたのお店が販売したアイスクリームに異物の混入が見つかり、販売量が激減した。あなたのお店の隣にライバル店が出店し、販売量が急減した。これらはいずれも、③分析モデルの前提条件が崩れることを意味します。すなわち、過去の販売状況を前提に予測モデルを作ったのに、過去に起こったことがないような事象が発生したことで、前提条件が崩れて予測が外れたのです。

データ分析とは、過去のデータを分析して将来など未知に関する示唆を得ることです。過去データからトレンドや相関関係といった知見を得て、それを用いて未知を探るのです。しかし、過去の知見が将来においても役立つとは限りません。たとえば、製品ラインアップや競合相手の価格設定、経済状況が変わると、過去のトレンドや相関関係は崩れるかもしれません。しかし分析者は、往々にして、過去データを分析して得た知見をもとに未知を探るというプロセスを無意識に使いがちで、そのプロセスに介在する「過去の知見は将来においては役立たないかもしれない」という暗黙のリスクを忘れています。

別の言い方をすると、データ分析とは、過去（既知）の延長上に将来（未知）もあるという世界観の中で、将来をできる限り正確に予測ないし判断するためのプロセスです。

私は、この世界観を「連続性の世界観」と呼びたいと思います。残念ながら、「連続性の世界観」は、とても崩れやすい世界観です。現実を支配しているのは、「不連続性の世界観」です。データ分析で解明できているのは、理想論的な「連続性の世界観」での解明に過ぎません。すなわち、データ分析結果を意思決定に使う際には、理想的な「連続性の世界」における知見が、現実の「不連続性の世界」においてどれだけの意味を持つかをよく吟味しなければなりません。しかし分析者は、しばしば「連続性の世界」が自分の守備範囲と思ってしまいます。でも、意思決定者は、現実の「不連続性の世界」における答えを期待しているのです。

私は、データ分析を意思決定に使う際に、「所詮」と「されど」の二つの言葉を胸に刻んでいます。データ分析で得られるのは、所詮、「連続性の世界」での解に過ぎない。されど、「連続性の世界」での解は、「不連続性の世界」においても何らかの手掛かりにはなります。問題は、意思決定に使えるほどの手掛かりかどうかです。

多くの人が陥っているのは、手掛かりになるかどうかの判断と意思決定の決め手になるかどうかの判断を混同することです。両者は、大きく異なります。前者は必要条件のようなもの、後者は十分条件のようなものです。統計分析で誤差評価をやるのは、「連続性の世界」での解としての評価であり、手掛かりになるかどうかの判断に過ぎません。意思決定を下すに値するかどうかを判断するには、連続性の世界と不連続性の世界の間に介在する不確実性を想像する、すなわち「外れの想像力」を駆使する必要があります。

外れの想像力を養うのは容易ではありません。自力では想像できないことを想像できるようにするには、他人から気付きを与えてもらうしかありません。そのような気付きを与えてくれる書として、Spyros Makridakis, Robin Hogarth, Anil Gabaの"Dance with Chance"やナシーム・ニコラス・タレブの『ブラック・スワン――不確実性とリスクの本質』を読まれることをおすすめします。

使い方を伝える力

次の二つの例文は、アナリシスクリーム社の分析者が、アイスクリーム販売量予測の分析結果を報告する場合の説明内容です。

「過去五年分の七月〜九月のアイスクリーム販売量データを使って線形回帰分析したところ、アイスクリーム販売量を、気温や降水量などから推定する式を得ることができました。この推定式に気象庁が発表する予想気温や降水量を入力すれば、二週間先までの累積販売量を高精度に予測できます。具体的には、平均誤差を従来の五％から三％に、最大誤差を従来の二〇％から一二％に改善できます」

「七月〜九月におけるアイスクリーム販売量について、予想気温や降水量から高精度に予測する手法を開発しました。これを使えば、平均誤差を従来の五％から三％に、最大誤差を従来の二〇％から一二％に改善できます。その結果、在庫不足や在庫過剰による損失を約一五〇〇万円低減することができます。本予測を運用するにあたり、予測値を自動算出するシステムの導入を推奨します。システム導入には五〇〇万円必要ですが、予測業務が効率化され、ヒューマンエラーも低減します。なお、将来において前例のないイベントが発生した場合、本予測は前記以上の誤差を生じる可能性があります。このような事態では、人手での予測に戻ることで、従来程度の誤差レベルは維持できると考えます」

前者は「計算結果」を報告し、後者は「意思決定に使えるかどうか」を報告しています。

意思決定者（この場合は仕入れ担当者）は、どんなデータを使ったかや、どんな分析手法を使ったかには興味ありません。それよりも、予測手法が仕入れ業務に使えるかどうかを知りたいのです。具体的には、①この予測手法を使うことでどれだけの効果を期待できるか、②この予測手法を導入するのにどれだけの手間と費用がかかるか、③この予測手法を使うことで問題は生じないのか、を知りたいのです。

この中で、一番忘れられやすいのは、③です。予測でも判別でも、何らかの前提条件に基づいています。前述のように、「連続性の世界」という前提です。現実の「不連続性の世界」になったときに、予測や判別はどれぐらい外れて、その結果、どれぐらいの損失につながるか、それは対策可能なのかについて、わかりやすく説明しなければなりません。

残念ながら多くの分析者は、意思決定者に対して「計算結果」を報告しているように思えます。これは、意思決定者の立場に立てていないからです。もしあなたが意思決定者ならば、どんな情報を得たいか想像してみてください。そうすれば、自ずと「意思決定に使えるかどうか」を報告できるようになります。

半信半疑と面倒くささを解消する

私は以前、とても悔しい思いをしたことがあります。現状の業務プロセスを変革し、大きなコストダウンを実現するようなデータ分析を行いました。業務担当者に向けて、分析結果を使えばどれだけのコストダウンができるか、それを実現するために必要な費用や手間、そして留意点について、パワーポイントを使ってわかりやすく説明しました。業務担当者も、私のプレゼンテーション中に何度もうなずき、ぜひ分析結果を使って業務変革を進めたいと意気込んでくれました。

しかし、報告してから何ヵ月経っても、分析結果を使って業務変革したという知らせは伝わってきません。半年後に業務担当者のところに行ってみると、部内で配置転換があり、担当者が変わっていました。新しい担当者のデスクを見ると、私のパワーポイント資料が書類の山に埋もれていました。

なぜ、業務担当者は、すぐに分析結果を活用して業務変革に着手してくれなかったのでしょうか？　その理由は、業務担当者にとって、分析結果を頭では理解しても心では「半信半疑」であること、および、業務変革に要する手間を考えると「面倒くさい」と思うからです。

あなたは、データ分析をやっていて、どこに達成感を感じますか。期待する分析結果を得たときでしょうか。それとも、分析結果を報告して、賞賛されたときでしょうか。

もし、あなたがデータ分析でビジネスを変革することをミッションとしているならば、こんなところで達成感を感じるのは早すぎます。ビジネスを変革して、はじめて達成感を感じてもらいたいのです。

そのような真の達成感を感じるためには、分析結果を報告したことで満足するのではなく、意思決定者が感じる「半信半疑」と「面倒くささ」を解消することを手伝い、分析結果をビジネスに活用するように背中を押す必要があります。

それでは、具体的にはどのようなアクションを取れば良いのでしょうか？　私たちの活動について、具体例を挙げながら説明しましょう。

機器の故障部品を予測する手法を開発したときの話です。過去のメンテナンス記録データを分析することで、どの部品が故障しているかを予測する手法の開発に成功しました。予測精度を検証したところ、本予測手法による故障部品の的中率は、メンテナンスマンの勘と経験を大きく上回ることがわかりました。しかし、現場のメンテナンスマンに、自分たちの勘と経験によるやり方よりも本予測手法のほうが優れていることを理解してもらうのは、容易ではありませんでした。

そこで、エクセルで簡易な予測ツールを作成し、協力的なメンテナンスマンに試行してもらいました。数ヵ月ほど試行してもらった後に、試行前後で部品的中率の変化を評価してもらいました。その結果、本予測手法を用いることで的中率が二〇％も向上することがわかりました。この試行結果を全社的にアナウンスしたところ、多くのメンテナンスマンに、本予測の優位性を理解してもらえました。

しかし、メンテナンスマンたちは本予測モデルの優位性は理解したものの、この予測モデルを運用することに面倒くささを感じました。そこで、本予測手法をシステム化し、メンテナンスマンが業務システム上で自動的に予測部品を閲覧できるようにしました。その結果、全社のメンテナンスマンが本予測手法を活用するようになりました。

データ分析でビジネスを変えることをミッションとするならば、コミュニケーション力やIT力を使って意思決定者の「半信半疑」と「面倒くささ」を解消することに努め、機が熟している間に、データ分析結果がビジネスに活用されるように仕向けていかなければなりません。「勘と経験」にプライドを持ちデータ分析には懐疑的な現場の人間の心を開き、データ分析の良さをわかってもらい、使っていこうと思わせる、これが、「使わせる力」です。

第3章　分析力を向上させるための流儀

前章では、データ分析でビジネスを変えるために必要な能力について説明しました。単なる分析力では足りず、「見つける力」と「解く力」と「使わせる力」の三つが必要であるというものでした。本章では、これらの力を身に付ける方法として、私自身が実践していることや、若手を育成するために行っていることを紹介したいと思います。

1　四つの問いを自問自答してみる

私は、データ分析をするときに、以下に示す四つの問いを自問自答するようにしています。いずれも、「データ分析でビジネスを変える力」の鉄則を問うものです。これらを自問自答すれば、本来の道をはずすことはありません。若手の分析者を育成するときにも、これらの四つを呪文を唱えるように繰り返し問いかけます。これらを問えば、成長の度合いがわかります。

問いの一　その数字にどこまで責任を取れるか？

もし、あなたが分析者ならば、最近やったデータ分析を思い出して、「分析結果にどこまで責任を取れるか？」と自問自答してみてください。そこで答えに躊躇するようならば、どこかに甘さがあります。

会社には、いろいろな仕事があります。営業、製造、経理。いずれも、責任重大な仕事です。営業は、厳しいノルマを課せられます。製造は、納期や品質を守らなければなりません。経理は、常に正確な会計処理を求められます。それでは、分析者の責任は何でしょうか？

私は、分析者の責任は、突き詰めれば正しい数字を作ることだと思います。データ分析の結果を報告すると、社内で数字やグラフがあっという間に広がります。これを「数字の独り歩き」といいます。時には、社内のまったく知らない人から、数字に関する問い合わせが入ったりします。作った数字が需要予測や市場分析といった会社の重大事ならば、なおさらです。経営会議などで紹介されて、社長の耳にも入るかもしれません。

ここでもし、数字を間違えていたらどうなるか、想像してみてください。在庫の過不足、配達の遅延、顧客の離脱……。いずれも、会社に重大な損害を与えます（もし、間違えていても会社に損害を与えないようなことならば、そもそもその分析は価値がありません）。

分析者の仕事は、凝縮すれば「数字作り」です。数字は、直接ビジネスに影響を及ぼすものではありません。何らかの意思決定を介して、間接的にビジネスに影響を及ぼすのです。そのため分析者は、往々にして、自ら作った数字の重大性とその作成責任を忘れがちです。だから、分析者は常に「その数字にどこまで責任を取れるか？」と自問自答しなければならないのです。

誤解しないでほしいのですが、予測結果や判別結果が当たるかどうかに責任を取れと言っているのではありません。神様でもない限り確実に当てることはできません。分析者ができるのは、たかだか、最もありえそうな答えを出すことだけです。それが当たっても当たらなくても結果論です。分析者が責任を持たなければならないのは、当たるかどうかではなく、分析が意図通り正確に行われているかどうかです。端的に言えば、分析ミスをしていないかということです。

分析者の数字に関する責任の裏返しは、分析者が数字を語る醍醐味です。「ペンは剣よりも強し」ということわざになぞらえれば、私は「数字は剣よりも強し」だと思います。数字に関する責任の裏返しは、重大な数字を作る醍醐味です。

データ分析に没頭していると、たかが数字に思えてきて、無意識のうちに数字に対する責任感が薄れてきます。分析ソフトウェアを使ってデータ分析を繰り返していると、解を得た瞬間に「やった」という達成感を覚えそうになります。そうなると黄色信号です。あなたは、クリック一つで画面に表示された数字をそのまま信じようとしているのです。

目の前の数字を鵜呑みにするのは楽です。目の前の数字を疑い続けるのは体力が必要です。意識しなければ、ついつい鵜呑みにしたくなります。そんな誘惑に打ち勝つために、自らに問いかけてもらいたい。「この数字に責任を取れるか？　この数字で会社が意思決定をしても、後悔しないか？　もし、会社のお金ではなく自分の全財産を投資するならば、自分の分析結果を信用して判断するか？」と。

問いの二　その数字から何がわかったか？

もしあなたが分析者ならば、最近やったデータ分析を思い出して、「そのデータ分析から何がわかったか？」と自問自答してみてください。これはデータ分析からどんな知識が得られたかを問うものです。もし、この問いに対して、数字や数式だけを答えるようでしたら、あなたは、データ分析ではなく数字遊びに陥っているかもしれません。

アナリシスクリーム社の例に戻りましょう。このデータ分析から何がわかったでしょうか？「アイスクリーム販売量＝一五〇〇×気温＋四五〇×降水量＋九〇〇〇×平休日フラグ」という数式と、「平均誤差三％」という数字でしょうか？　いえ、これらは計算結果に過ぎません。わかったこと（知識）ではないのです。

データ分析から得られる知識とは、問題とデータと分析モデルと結果の四位一体から導かれるものです。アナリシスクリーム社の例では、問題は「七月〜九月における日毎のアイスクリーム販売量を予測する」、データは「過去五年間の販売量データと気象データ」、分析モデルは「アイスクリーム販売量＝a×気温＋b×降水量＋c×平休日フラグ」、結果は「アイスクリーム販売量＝一五〇〇×気温＋四五〇×降水量＋九〇〇〇×平休日フラグ、平均誤差三％」でした。

そのまま羅列すると、「七月〜九月における日毎のアイスクリーム販売量を予測するために、過去五年間の販売量データと気象データの関係について、アイスクリーム販売量＝a×気温＋b×降水量＋c×平休日フラグというモデルを用いて分析したところ、アイスクリーム販売量＝一五〇〇×気温＋四五〇×降水量＋九〇〇〇×平休日フラグという予測式が得られ、その誤差は平均三％であるということになります。

でも、これでは手順と結果を並べただけです。これを知識にすると、「過去五年間のアイスクリーム販売傾向が将来も継続し、また、アイスクリーム販売量と気温および降水量は線形の関係にあるという仮定のもとで、七月〜九月における日毎のアイスクリーム販売量は、販売量＝一五〇〇×気温＋四五〇×降水量＋九〇〇〇×平休日フラグという式で予測でき、その誤差は平均三％である」といった感じになります。問題とデータと分析モデルと結果から知識を得る、このプロセスを「解釈」と呼ぶのです。

それでは、計算結果と知識を比べてみましょう。計算結果には、「予測対象は七月〜九月に限られること」「前提として過去五年間の販売傾向が続くこと」「前提としてアイスクリーム販売量と気温および降水量は線形の関係にあること」は記述がありません。計算結果だけを聞くと、任意の月の販売量を無条件に予測できるように勘違いしてしまいます。

一般に、データ分析は、何らかの前提や制約に基づきます。それを忘れて計算結果だけを取り上げると、間違えた知識形成につながりかねません。分析者は、常に、どういう前提や制約に基づいて分析しているかを意識しながら分析結果を解釈しなければならないのです。

データ分析の初心者は、数値計算をすることに注力しすぎて、計算結果を正しく解釈することを軽視しがちです。データ分析の熟練者であっても、分析ソフトウェアの出力画面ばかりを眺めていると、計算結果だけに関心を持ってしまい、それを解釈して知識にすることを忘れてしまいそうになります。そのような状況で分析をやっても、それはもはやデータ分析ではなく数字遊びです。数字遊びは、時間の無駄なだけでなく、間違えた知識形成にもつながりかねません。だから、数字を数字で終わらせずに知識にすることを忘れないために、「その数字から何がわかったか？」と自問自答してみていただきたいのです。

問いの三　意思決定にどのように使えるのか？

もしあなたが分析者ならば、最近やったデータ分析を思い出して、「そのデータ分析は意思決定にどのように使えるのか？」と自問自答してみてください。もし、答えに窮するようでしたら、あなたは、ビジネスに役立てることを忘れて、分析遊びに陥っているかもしれません。

多くの分析者は、この問いに対して、「予測ができるようになった」とか、「判別できるようになった」と答えます。しかしそれでは答えになっていません。予測や判別は、意思決定ではなく、意思決定の材料に過ぎません。大切なのは、そのような予測や判別が意思決定にどのように使われるかです。

データ分析により、高精度な予測手法や判別手法を見つけることができても、それを意思決定に使えなければ、価値はありません。

第2章の例題を思い出してみましょう。宅配ピザ屋の例では、子供の年齢や共働きか否かといった情報を入手できるという前提で、注文の可能性を判別する方法を見出しました。しかし、会員へダイレクトメールを送付するときには、本人の年齢や家族構成はわかっても、子供の年齢や共働きかどうかはわかりません。せっかく判別方法を作ったのに、使い物になりませんでした。故障予知の例では、故障の直前において観察される異常温度を検知することで故障を予知する手法を開発しました。しかし、実際に故障を予知してメンテナンスで予防するには、故障が発生する二日前までに故障予知できなければなりません。せっかく予測手法を作ったのに、使い物になりませんでした。

データ分析とは、一般的に、何らかの前提や限定に基づいて分析するものです。ですから、データ分析によって得られた知識も、その前提や限定の範囲でのみ有効な知識です。しかし、実際のビジネスでそのような前提や限定を受け入れられないのであれば、そのような前提や限定に基づいて分析した結果は意思決定に使えません。

一生懸命にデータ分析をして、立派な知識を得たのに、意思決定には使いようがないなんて馬鹿げています。なぜ、こんなことになるのでしょうか？　それは、第2章で述べた「分析問題を設定するステップ」を無意識のうちに省略してしまい、いきなり数値計算をするからです。数値計算を始める前には、必ず一呼吸おいて、いまからどういう分析問題に取り組もうとしているのか明確にし、その問題を解けば意思決定に役立つか吟味しなければなりません。

残念ながら、多くの分析者は、意思決定に役立てるという大義を忘れて、分析遊びに陥っていることが多いように思えます。問題解明に没頭し、意思決定に役立てることへの関心が低いのです。分析者にとって、問題を解明することは、やりがいを感じる瞬間です。

自らの分析で、これまでわからなかったことがわかる、予測できなかったことが予測できるようになる、というのは分析者冥利につきるでしょう。でも、「わかる」や「予測できる」だけでは、ビジネスにおいては意味がないのです。

私も、かつては分析結果を報告する際に、「こういうことがはじめてわかりました」「このモデルを用いれば高精度に予測できることがわかりました」と自慢げに報告し、ビジネス担当者から「そんなことがわかっても、ビジネスにどう使おうというのですか？」「そんなことを予測できても、ビジネスにどう使おうというのですか？」と問われて、言葉に詰まることを幾度となく経験しました。

データ分析をやったときには、必ず「分析結果は、意思決定にどのように使えるのか？」と自問自答してください。ビジネスにおける意思決定シーンを思い浮かべて、具体的に分析結果をどのように使うのか答えてください。もし、答えられなかったり、曖昧な答えしかできない場合は、せっかくデータ分析をしたのに、ビジネスには使えない可能性が高いでしょう。その場合は、なぜ使えないのか追究してください。そうすれば、データ分析のやり方をどのように変えれば、ビジネスに使える結果が得られるかのヒントが見えてきます。

でも、データ分析をやった後に自問自答すると、後悔するだけです。ですから、データ分析を始める前に自問自答してください。いまからやろうとしているデータ分析について、意思決定に使えるかどうかを見極めてください。そうすれば、自ずと、データ分析を始める前に、問題設定をしっかりと考えるようになります。

問いの四　ビジネスにどれぐらい役に立ったか？

もし、あなたが分析者ならば、過去にやったデータ分析を思い出してください。そして、それらのデータ分析について、「ビジネスにどれぐらい役立ったか」を自問自答してください。もし答えに窮するようでしたら、あなたは、ビジネスを変えていこうという意気込みに欠けているかもしれません。「多分役立ったと思うけど、分析結果を意思決定に活用するのはビジネス部署がやることだから、自分は役立ったかどうか知らないんだ」と答える人は、ビジネスに貢献することに少し鈍感かもしれません。分析するまでが自分の仕事で、分析結果をビジネスにどう使うかは自分の仕事ではないと割り切っているのかもしれません。

「役に立つ」について、もう少し詳しく見ていきましょう。第1章で、「分析の価値」＝「意思決定への寄与度」×「意思決定の重要性」と説明しました。これに従えば、「データ分析はビジネスにどれだけ役立ったか？」＝「データ分析によって意思決定がどう変わったか?」×「意思決定が変わったことでビジネスにどれだけ貢献したか?」と分解できます。

アナリシスクリーム社の例では、「データ分析によって意思決定はどう変わりましたか?」に対する回答は、「仕入れ業務において、従来は経験と直感で販売量予測をしていたのを、気象データなどから自動予測して、仕入れ量を決めるようになった」です。「意思決定が変わったことでビジネスにどれだけ貢献しましたか?」に対する回答は、「在庫の過不足がなくなって年間一五〇〇万円の収益向上につながった」です。

改めて、あなたが最近行ったデータ分析を思い出して、「データ分析によって意思決定はどう変わったか?」と「意思決定が変わったことでビジネスにどれだけ貢献したか?」の二つを自問自答してみてください。できるだけ具体的に、後者については可能な限り金銭換算して答えてみてください。

私の経験では、多くの分析者は、とても抽象的な回答をしてくれます。前者の問いに対しては、「この意思決定の参考になりました」、後者の問いに対しては、「こういうビジネスに貢献しました」という感じです。これでは答えになっていません。このような回答をする場合は、大抵、役立っていないといっても過言ではありません。

第2章で申し上げた通り、データ分析でビジネスを変えていくには、分析するだけでなく、それをビジネス担当者に使わせて会社に貢献していく気概が求められます。そして、そのような気概を持っていれば、一つ目の問いに対しても、二つ目の問いに対しても、明確に答えられるはずです。

データ分析でビジネスを変えていく原動力は、「役に立ちたい」「ビジネスに貢献したい」という思いです。常にその原動力を維持するために、データ分析をやったときには、「その数字で意思決定はどう変わったか？　その結果、ビジネスにどのように貢献できたか？」と問いかけてみてもらいたいのです。そして、それに答えられたときには達成感を感じ、それに答えられない場合には悔しさを感じてもらいたいのです。

分析者のタイプ

さて、前記で四つの問いを自問自答してくださいと申し上げました。あなたは、どれぐらい答えられましたか？

四つの問いに対する回答状況で、分析者のタイプを類型化できます。私はこれまで、数多くの分析者と一緒に仕事をしてきました。その方々を思い浮かべると、表3－1に示す通り、A～Eの五タイプに類型化できます。

Aタイプは、数字には責任感があるけれども、計算するだけで終わっている人です。

	Aタイプ	Bタイプ	Cタイプ	Dタイプ	Eタイプ
その数字にどこまで責任を取れる？	○	×	○	○	○
その数字から何がわかる？	×	○	○	○	○
意思決定にどのように使える？	×	○	×	○	○
ビジネスにどれぐらい役立った？	×	×	×	×	○

表3－1　分析者の区分

「計算マシンタイプ」と呼びたいと思います。

Ｂタイプは、与えられた問題をデータ分析で解明するけれども、数字には無責任な人です。「無責任アナリストタイプ」と呼びたいと思います。

Ｃタイプは、データ分析で問題を解明することに没頭し、意思決定に役立てることには無頓着な人です。「分析マシンタイプ」と呼びたいと思います。

Ｄタイプは、データ分析で意思決定を変えることまでは意識しているが、どれだけ会社に貢献するかには無頓着な人です。意思決定の重要性を考えずにデータ分析を行うので、往々にして些細な問題にどっぷり浸ってしまいます。「重箱の隅ほじくりタイプ」と呼びたいと思います。

Ｅタイプは、何も申し上げることはありません。「本物のデータアナリスト」と呼びたいと思います。

この中で、最も有害なのはＢタイプの分析者です。数字に責任を持たないため間違えた数字を会社にばらまく可能性が高く、場合によっては、ビジネスに貢献するどころか被害を与えます。急いで数に対する責任感を養成しなければなりません。

Aタイプは、そもそもデータ分析とは何かをわかっていない人材です。分析者として、まだまだ時間をかけて能力開発しなければなりません。

CタイプやDタイプは、能力はあるのにもったいない人材です。自分では分析力があると思っているのに、会社の中で力を発揮できない人たちです。

Eタイプは、完璧なデータアナリストです。実際には、Eタイプに到達している分析者はなかなかいません。

あなたは、どのタイプだったでしょうか。もし、A~Dタイプだった場合には、ぜひ、自身の分析者としての不足点を明確にして、Eタイプになれるように努めてください。

Eタイプになる早道は、正しい心構えを持ち、かつ、役立つことに貪欲になることです。これについて、次節で説明したいと思います。

2　正しい心構えを持つ

それでは、どうやればEタイプの分析者に成長できるのでしょうか？　一番の早道は、正しい心構えを持つことです。

正しい動機を持とう

あなたは、データ分析をするときに、どういう動機で分析をしていますか？　といっても、ふだんは動機などは意識していないかもしれません。それでは、次の四つの動機のうち、どれが一番正しい動機だと思いますか？

①意思決定を支援すること
②特定の意見を支持すること
③説得力のある分析手法を行使すること
④アナリストとして有名になること

当然、①が正しい動機ですよね。でも、過去にやったデータ分析を振り返ってみるとどうでしょう？　②③④といった動機を持って分析していたことはないでしょうか？

②③④の動機は、間違った動機です。もし間違った動機を持ってデータ分析をするとどういうことになるか、一つひとつ見ていきたいと思います。

「特定の意見を支持すること」。たとえば、投資判断のためのデータ分析において、あらかじめ投資することは決めており、それを正当化するために分析する。たとえば、販売量予測において、増加傾向になるような結果のほうが上司にほめられるので、増加傾向になるような結果を出すよう分析する。これでは本末転倒です。悩ましい意思決定を決めるためにデータ分析するのに、すでに意思決定が決まった後で、データ分析をするのですから。

こういった動機で分析する人は、本当に不幸です。ビジネス部署の中でデータ分析をする場合、周囲からの暗黙のプレッシャーを受けて、こういった動機は生まれます。身勝手な意思決定者の根拠を繕うために、詭弁を強いられているようなものです。

「説得力のある分析手法を行使すること」。たとえば、販売量予測をするにあたり、歴代の先輩担当者が使ってきた予測モデルを踏襲することで、周囲の理解を得ようとする。たとえば、故障率分析をするにあたり、著名な学者が発表した有名な分析モデルを使うことで、周囲を説得しようとする。自然科学とは違い、社会科学においては絶対的な分析モデルなどありません。同じ販売量予測でも、状況が変われば予測モデルも変えなければなりませんし、どのような意思決定に使うかという目的に応じても予測モデルを変えなければなりません。様々なシチュエーションで分析モデルを自ら考案して選択する、そこに分析者の器量が試されるのです。しかし、先輩社員や有名学者の権威を借りるために、彼らの分析モデルをやみくもに使うのは、分析者としての魂を売っているようなものです。上司や周囲の人から、代々引き継がれてきた分析モデルや有名学者の分析モデルを強いられるのは、手足を縛られて分析しろと言われているようなものです。

「アナリストとして有名になること」。たとえば、誰もが解明したことのない問題を解明する、非常に高度な解析手法を用いて分析する、分解能や精度が非常に高い分析モデルを開発して分析する。大学における研究ならば、こういったことも大切だと思います。しかし、企業においては、どれほど難解な問題を解明しようと、どれほど高度な解析手法を用いようと、意思決定に役立たなければ意味はありません。よく見かけるのは、もっと簡単な分析手法で事は足りるのに、わざわざ高度な解析手法や複雑な分析モデルを用いて、それをことさらに自慢するような人たちです。こういった分析者は、手段にとりつかれて、データ分析の本来の目的を忘れてしまっているのです。

人間とは欲深いもので、ほうっておけば少しでも楽をしよう、少しでも得をしようとします。企業における分析者は、サラリーマンです。同じ仕事をするならば、少しでも効率的に、少しでも自らをアピールできるように仕事をしたくなります。営業や製造といった仕事は、それで問題はないかもしれません。成果がはっきりと見えるからです。しかし、データ分析の仕事は成果が見えにくい。二人の分析者が同じ予測問題に取り組んで、それぞれ異なる予測結果を得たとして、どちらが正しいかはすぐにはわからないでしょう。まして、一人の分析者が予測結果を出しても、誰もその予測がどれだけ優れているかわからないでしょう。そんな状況ですから、サラリーマン分析者は、少しでも楽をしようとする、少しでも得をしようとする。すなわち、上司の考えに沿った結論ありきの分析をして上司を喜ばせる、先輩が使っていた分析手法をそのまま踏襲して周囲を納得させる、いたずらに高度な分析手法を使って数学能力をアピールする。

この誘惑に打ち勝てるのは、「自分が作った数字は経営を左右する」という責任感だけです。ときどき、自らに「何のために自分は分析をしているのか?」と問いかけてもらいたい。そのときに、②③④をはっきりと否定し、自らの動機は①であると言えなければなりません。

懐疑的になろう

日常生活をしていると、身の回りのいろんな出来事にパターンや関係を見つけたくなりませんか？　宝クジに当たりやすい番号、株価の動き、血液型と性格の関係、参加者と天候の関係（雨男・雨女）……。なぜ、パターンや因果関係を見つけたくなるのでしょう？

それは未来を予測したいからです。人は、先が見えないことに不安を感じます。その不安が人を「予測」したい気持ちに駆り立てます。そして人は、その「予測」願望を満たすために、パターンや因果関係といった知識を見つけることに貪欲なのです。

実際、人は、大昔から、パターンや因果関係を追究してきました。たとえば、昔は天気予報なんてありませんでしたから、天気のパターンを見つけて、天気を予測していました。日没時に空が際立って赤ければ、次の日は晴れるといった具合です。いまも残る迷信は、昔の人が見つけたパターンや関係の名残といえるでしょう。たとえば、風邪は人にうつすと治る、しゃっくりが一〇〇回出ると死ぬ、夜に爪を切ると親の死に目に会えない、など。

「データ分析」というのは、データからパターンや因果関係を見つけるための道具です。昔の人は、自分で見たり聞いたりした情報だけからパターンや関係を見つけました。現代の私たちは、莫大なデータと分析ツールを用いて、人力では見出せないようなパターンや関係を見つけることができます。

でも、どれだけたくさんのパターンや関係を見つけても、それらは単なる錯覚かもしれません。錯覚に気付かずに信用してしまえば、昔の人と同じように迷信を生んでしまうでしょう。大切なのは、そのパターンや関係は真実なのか錯覚なのかを見極める力です。

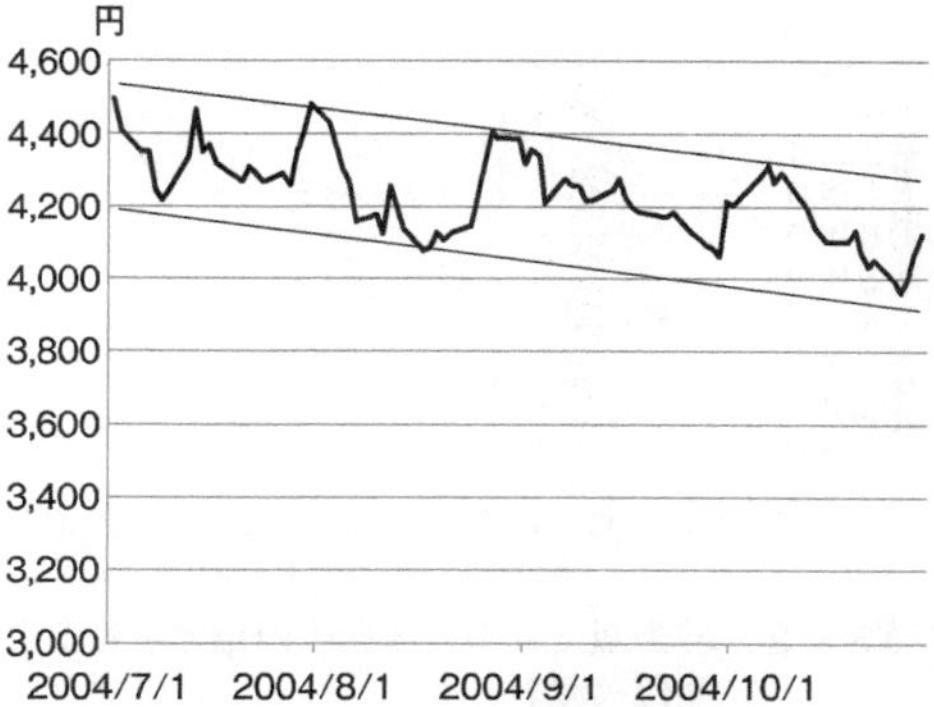

図3－1　ある企業の株価の動き

たとえば、**図3－1**は、ある企業の株価の動きを表したものです。データ分析のお陰で、価格の変化パターンを見つけることができました。株価は、あるレンジの範囲内で上下を繰り返すパターンに従うようです。でも、これは単なる錯覚（たまたま）に過ぎません。なのに多くの投資家は、この錯覚を信じてしまいます。**図3－2**は、六五歳以上の人口と年間国内電力消費量を散布図で表したものです。六五歳以上の人口が増えるほど、国内電力消費量も増加するように思います。でも、これも単なる錯覚

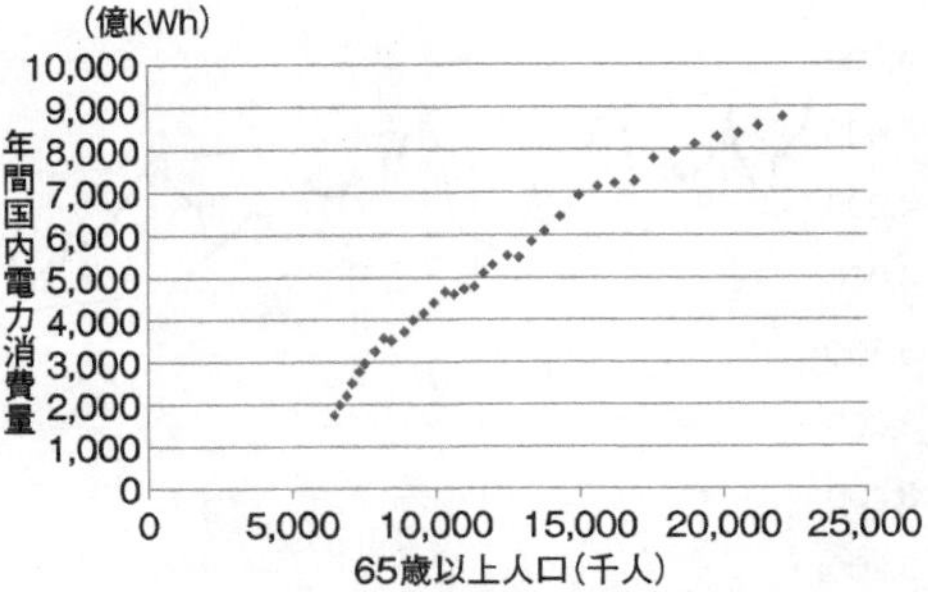

図3－2　65歳以上人口と年間国内電力消費量の関係（実データ）

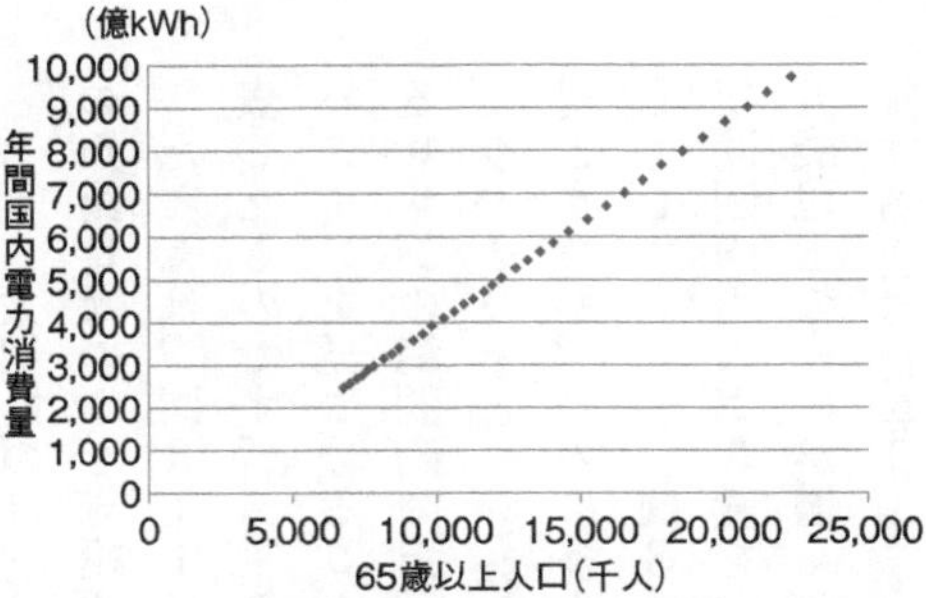

図3－3　65歳以上人口と年間国内電力消費量の関係（架空データ）

（過去数十年間、高齢者人口も電力消費量も増加傾向にあっただけ）に過ぎません。

統計分析を使えば、そういった錯覚を回避できると思っている方がいらっしゃいますが、それは違います。統計分析は、パターンや関係がどれだけ鮮明かを判定するものであり、真実か錯覚かを判定するものではありません。図3－3は、六五歳以上の人口と年間国内電力消費量に関する架空のデータです。統計分析でわかるのは、図3−3の場合のほうが、図3−2の場合よりも関係が鮮明である（相関が強い）ということだけです。「六五歳以上の人口が増加すると、国内電力消費量も増加する」という因果関係が真実であるか錯覚であるかは、統計分析ではわからないのです。

では、データ分析で見つけたパターンや関係を真実か錯覚か判断するにはどうすれば良いでしょうか？　残念ながら決定的な手法などありません。知識と洞察力を駆使して、そのパターンや因果関係は錯覚に過ぎないという反証と、そのパターンや関係は真実であるという論証を行うしかないのです。

しかし、どれだけ知識や洞察力を持っても、人は単なる錯覚を真実と勘違いしそうになります。なぜなら人は、パターンや関係を見出したい欲望を持っているからです。ビジネスでも研究でも、誰も発見していないような新しいパターンや関係を見出せば、それは大きな成果となり、自慢できるでしょう。だから、斬新なパターンや関係を目の前にすると、ついつい、それを真実と思いたくなるのです。この欲望に負けず、本当に真実であるのか、錯覚ではないのか、と疑わなければなりません。この疑う姿勢こそが重要なのです。

三〇年前は、こういった錯覚はそれほど問題にはなりませんでした。グラフ一つ作成するのに、一日がかりだった時代です。とりあえず、という姿勢でデータ分析してみることなど無理でした。しっかりと仮説を考えて、こういう関係を実証してみよう、こういったパターンを実証してみようという目標を明確にしてから、データ分析に着手していたのです。

いまはＩＴのお陰で、簡単にデータ分析をできるようになりました。数学を知らなくても、分析ツールのボタンを押すだけで、データの山からパターンや関係を簡単に取り出すことができます。すなわち、昔と比べると、斬新なパターンや関係に誘惑される機会が増えたのです。だからこそ、私たちは、三〇年前にはそれほど必要とされなかった「真実か錯覚かを疑う力」を求められるのです。しかし、そういった力は軽視されているように思えます。

「データマイニング」という言葉の解釈にも、この軽視傾向を垣間見ます。多くの人は、「データマイニング」をデータの山からパターンや関係を取り出すことと勘違いしているように思えます。それだけでは、単なる数字遊びです。発見したパターンや関係が「真実か錯覚か」を疑い、本当のパターンや関係であるかを見極めなければなりません。

ダン・ガードナーは、著書『専門家の予測はサルにも劣る』の中で、専門家の予測力の優劣を分ける要因の一つは、自分が正しいということに自信を持っているか否かであると述べています。あなたは、自分が正しいということに自信を持っている専門家と自分が正しいということに自信がない専門家のどちらの予測を信じますか？　ついつい、自信満々の専門家の意見を聞くのではないでしょうか。

ダン・ガードナーによれば、自分が正しいことに自信がある専門家の予測は、素人よりも当たらないそうです。なぜなら、自分の考えは正しいと確信しているので、その考えに基づいた予測に疑いを持たないからです。自分が正しいということに自信を持っていない人の予測は、比較的当たる。なぜなら、常に自己の予測を疑問視して、自分が信じているものが正しいか問いかけるからです。

分析者も同じです。データ分析で見つけたパターンや関係について、それが真実であるかを完全に論証することは不可能です。だからこそ、自らの論証に自信を持つ分析者よりも、自らの論証では不十分ではないか、反証の余地があるのではないか、と懐疑的な分析者のほうが信用できます。データの山からパターンや関係を見つけたときに、どれだけ懐疑的になれるか、どれだけ「本当かな？　大丈夫かな？」と思えるかが、優れた分析者になれるかどうかの分水嶺になるかもしれません。

謙虚になろう

ＫＫＤは「勘」と「経験」と「度胸」のことであると前述しましたが、あなたは、ＫＫＤに対してどのような印象を持っていますか？　非合理的とか、いい加減とか、人によってバラツキがあるとかいった悪い印象を持ってないでしょうか。

最近、ビッグデータという言葉の普及とともに、ＫＫＤを時代遅れとみなす風潮がますます強まっているように思います。これからはデータ分析に基づいて意思決定をする時代、ＫＫＤなんか捨ててしまえという風潮です。でも、果たしてＫＫＤはデータ分析に劣るのでしょうか。徹底してデータ分析すれば、ＫＫＤなんて不要なのでしょうか。そんなことは決してありません。

たとえば、アイスクリーム販売量の予測について考えてみましょう。データ分析で編み出した予測手法は、平常時にはＫＫＤを凌駕するかもしれません。でも、何か突発的な事象が発生したらどうでしょう。たとえば、販売したアイスクリームに異物が混入していることを報道された、競合相手が新製品を売り出した、例年にない異常気象が続いた。こういったときには、修羅場をくぐってきた担当者のＫＫＤが力を発揮するのです。

たとえば、不動産の投資判断をする状況を考えてみましょう。データ分析で地価や賃料の変動状況を分析すれば、意思決定に役立つでしょう。でも、それだけでは意思決定できません。エリアの雰囲気や利便性といった数字では表しにくいものも考慮しなければなりません。こういったときには、経験豊かな担当者のＫＫＤが力を発揮します。

マネジメント（経営）の現場でも、オペレーション（プラントの運転など）の現場でも、マーケティングの現場でも、データ分析だけで意思決定できるようなことは、少ないのです。データ分析は、定常的なパターンや関係を見出す状況においては、人智を凌駕する力を発揮するかもしれません。しかし、パターンや関係が非定常であったり突発的である場合には、データ分析だけでは心もとないのです。加えて、データ分析だけでは、相関関係はわかってもそれを因果関係に昇華させることは難しいのです。さらに、パターンや関係を定量化できず定性的な記述にならざるを得ない場合には、そもそもデータ分析を用いることすら難しいでしょう。

たしかに、データ分析の重要性はますます高くなっています。ビジネス環境がどんどん複雑になりＫＫＤだけでは通用しない場合も出てきました。一方で入手可能なデータはますます増加し、もはや人力で理解する限界を超えてきました。しかし、だからといってＫＫＤは不要になった訳ではありません。

ＫＫＤを否定する人は、ＫＫＤには明確な根拠がないからだと言います。たとえば、ベテランのメンテナンスマンに「なぜここが故障していると思うのですか？」と訊くと、

「何となくそう思う」といった答えが返ってくることがあります。たとえば、敏腕ファンドマネジャーに「なぜこの投資は見送るのですか？」と訊くと、「何となく悪い予感がする」といった答えが返ってくることがあります。

では、明確な根拠がないから駄目なのでしょうか？　そんなことはありません。現象が混沌としていて秩序的な理解が難しい状況においても、ＫＫＤは判断を下せるのです。すなわち、根拠なき判断も、ＫＫＤのすごさなのです。

以前、ある中小企業の経営者に会ったときに、「これだけデータが増えているのに、意思決定するときにはデータだけでは不十分で、最後はやはり経験と直感に頼らざるを得ない。すべてを数値化して、経験や直感に頼らなくてもいいようにしたい」と言われました。私は、「すべてを数値化してそれだけで意思決定できるのなら、経営者はいりませんよ」と言いたくなるのをぐっとこらえました。

じつは私も、以前は、ＫＫＤを軽視していました。ＫＫＤに基づく意思決定には必ず無駄がある。だから、社内からＫＫＤを駆逐して、すべてをデータ分析に基づく意思決定スタイルに変えなければならない、そんな義務感を抱いていました。しかし、そんな私がマーケティングやオペレーションの現場に行って、データ分析に基づく意思決定スタイルを提案しても、決してうまくいきませんでした。現場の人間は、何年もかけて経験を積み、それをノウハウにして業務を遂行してきたのです。自負もあります。そんな現場の人間から見ると、現場経験もない分析者が数字の世界だけで意思決定するなんて信用できるはずがありません。そういった現場の心情に配慮せず、ＫＫＤを軽視してデータ分析を提案しても、聞く耳を持ってもらえなかったのです。

データ分析とＫＫＤは、どちらが優れているかといった関係ではなく、相補的な関係にあります。データ分析だけに頼ると、イレギュラーな状況や定量化が難しい現象に対応することはできません。ＫＫＤだけに頼ると、大雑把な判断しかできません。

分析者は、データ分析について謙虚な気持ちを持つとともに、ＫＫＤに対する敬意も持たなければなりません。すなわち、データ分析だけで意思決定できるといった驕《おご》りを持たず、ＫＫＤの重要性を認識したうえで、データ分析の活用を推進していかなければなりません。そのような姿勢で臨めば、現場の人間も心を開いてくれて、データ分析とＫＫＤが融合した最高の意思決定スタイルを築くことができるでしょう。

3　役立つことに貪欲になる

分析問題だけでなく、意思決定問題にも関心を持とう

あなたは、ビジネス担当者からデータ分析の依頼を受けるとき、どのように反応しますか？　たとえば、「価格予測をしてくれないか？」「プラントのデータから異常検知する方法を編み出してくれないか？」「過去の販売データから購入可能性の高い顧客を判断する手法を開発してくれないか？」といったリクエストをもらったら、どのように反応しますか？　「分析に使えそうなデータは何年分ありますか？」とか「予測（もしくは判別）の精度はどれぐらい必要ですか？」といった質問を返すのではないでしょうか？　もし、このような質問を返すならば、あなたは、与えられたデータ分析問題をやみくもに受け入れようとしているのかもしれません。

私は、このようなデータ分析の依頼を受けると、データや要求精度を気にする前に、そのデータ分析がどういう意思決定に使われるかを気にします。たとえば、「価格予測は、どういう意思決定に使われるのですか？」「プラントの異常検知方法を編み出せたとして、

現場はどのように活用するのですか？」「購入可能性の高い顧客を判断できたとして、営業はどのように活用するのですか？」といった質問をします。

分析者の業務は、データ分析です。分析結果を使って意思決定するのは、分析者ではなくビジネス担当者の業務です。しかし、だからといって、分析者が意思決定に無関心でよい訳ではありません。どれだけ立派な「データ分析」をやっても、それだけではただの数字遊び、一銭にもなりません。意思決定につながってこそ、利益増加やコストダウンという形でビジネスに貢献するのです。

だから、分析者は、もっともっと意思決定に注目しなければなりません。自分が取り組んでいるデータ分析は、どういう意思決定に使われるのか、どれぐらい重要な意思決定なのかに関心を持たなければなりません。つまり、分析者は、「分析問題」だけを意識するのではなく、分析結果の活用先である「意思決定問題」も意識しなければならないのです。

意思決定問題と分析問題の関係について、もう少し詳しく説明しましょう。両者は、表3－2の例に示すように主従の関係にあります。分析問題とは、意思決定問題に役立つ知識をデータから得るために設定された問題と言えます。ビジネスに直接的に貢献するのは、意思決定問題を解決することであり、分析問題は意思決定問題を介して間接的にビジ

意思決定問題		分析問題
・アイスクリームの発注量	←	・２週間先までの販売量予測
・チラシの送付先	←	・購入可能性の高い顧客の判別
・修理方法の決定	←	・故障原因の推定

表３－２　意思決定問題と分析問題の関係

ネスに貢献します。つまり、データ分析で分析問題を解いて得た知識は、意思決定問題の上でのみ価値を有するのです。

ですから、そもそも意思決定問題の問題設定が不適切だと、苦労して分析問題を解いても無駄に終わります。実際、意思決定問題の問題設定が不適切な場合はとても多いのです。そんな不適切な意思決定問題の手掛かりを得るために、一生懸命データ分析をしている、そういったもったいないシチュエーションをよく見かけます。だから、自分が取り組んでいるデータ分析は、どういう意思決定問題を解くために使われるのか、その意思決定問題は、ビジネス課題を解決するのに正しい問題設定であるかを意思決定者に問いかけてもらいたいのです。

しかし、現実は、ビジネス担当者（意思決定者）に「何を決めるために、このデータ分析を必要とするのですか？」と質問しても、具体的な答えが返ってこないことも多いでしょう。たとえば、「アイスクリームの販売量予測をしてもらいたい」という依頼があったとします。依頼してきた計画スタッフに「この予測は何を決めるために使うのですか？」と訊くと、「在庫不足の問題を解消するためです」といった曖昧な答えが返ってきます。たとえば、「優良顧客に共通の属性を見つけてもらいたい」という依頼があったとします。依頼してきた営業スタッフに「優良顧客の属性は何を決めるために使うのですか?」と訊くと、「営業活動を効率化するために使います」といった曖昧な答えが返ってきます。

意思決定問題とは、何をどう決めるか（選択肢と判断基準）で定義されるものです。しかし、ビジネス担当者（意思決定者）は、これらを具体化できておらず、前記のように意思決定問題を曖昧にしか把握できていない状況で、分析者にデータ分析を依頼してくることが多いのです。そういう場合、分析者は、「そうですか」と引き下がってはなりません。意思決定者と一緒になって、意思決定問題を具体的にすることに努めなければなりません。

分析者は、意思決定問題に対して受動的な姿勢ではなく、能動的な姿勢で関わっていかなければなりません。以下では、分析者が、意思決定問題に関わっていくポイントを整理したいと思います。一つ目は「意思決定問題は正しく問題設計されているか吟味する」ということです。二つ目は「データ分析の力を効果的に活用できるように意思決定問題を見直す」ということです。三つ目は「成功を手掛かりに、（データ分析を活用できる）次の意思決定問題を探す」ということです。

意思決定問題を吟味しよう

企業活動は、意思決定のかたまりです。各組織において、様々な意思決定が日々行われています。たとえば、営業部では販売価格やキャンペーン内容、製造部では明日の生産計画、資材部では原料調達先、人事部では新人の採用、といった感じです。意思決定にあたっては、まず「何をどのように決めるか」を正しく吟味しなければなりません。しかし、人は往々にして、本来検討すべき選択肢や判断基準を見落としてしまい、意思決定問題を狭めてしまったり歪めてしまいます。日常的な意思決定問題を挙げながら説明していきましょう。

まずは、選択肢を見落とす場合です。たとえば、自動車購入を検討する場合に、そもそも「車を買うか否か」という選択肢を判断すべきところを、営業マンのトークに乗せられて、いつの間にか「どの車種を買うか」という選択肢に陥ってしまうことはないでしょうか。たとえば、新居をどうするかを検討する場合に、そもそも「購入するか賃貸にするか」という選択肢を判断すべきところを、モデルルームを見学して、いつの間にか「どの間取りを買うか」という選択肢に陥ってしまうことはないでしょうか。

例1　自動車購入の意思決定問題

広い選択肢　「車を買うか否か？」
→　「従来車を買うか、ハイブリッド自動車を買うか？」
←　「プリウスを買うか、インサイトを買うか？」
狭い選択肢　「プリウスのどのクラスを買うか？」

例2　住宅購入の意思決定問題
広い選択肢　「マンションを購入するか、賃貸にするか？」
→　「どのエリアのマンションを購入するか？」
←　「六本木駅から徒歩五分圏内にあるどの物件を購入するか？」
狭い選択肢　「六本木ヒルズレジデンスのどの部屋を購入するか？」

あなたも、身近な意思決定について思い浮かべてみてください。無意識のうちに、選択肢を狭く捉えている場合はありませんか。人は、しばしば選択肢を狭く捉えてしまう傾向にあります。そして、選択肢を狭く捉えてしまえば、その中で最善の決定をしたとしても、それは広い選択肢の中ではベストな決定ではないかもしれません。

ビジネスにおける意思決定でも、選択肢を狭めるケースは多々見られます。たとえば、ウェブマーケティング担当者が、ネット通販の売上低迷を打開するために、ウェブデザインの改修を検討しているとしましょう。ウェブマーケティング担当者は、分析者に対して、ウェブの各ページのアクセス数を分析してもらいたいと依頼しました。ここではウェブマーケティング担当者は、暗に、意思決定問題を「どのウェブページを改修するかについて、各ページのアクセス数を判断基準に決める」としているのです。

しかし、ネット通販の売上が低迷しているのは、ページデザインが悪いからと断定できるでしょうか？　そもそも、ウェブへの訪問者数自体が少ないのかもしれません。もしそうならば、ページデザインを改修しても意味はありません。それよりも、ウェブにネットユーザーを呼び込むための仕掛け、たとえば、検索エンジンで上位にランキングされるようにキーワードを入れたり、バナー広告を増やすといったことを意思決定すべきでしょう。あるいは、販売価格が競合他社よりも高いからかもしれません。もしそうならば、やはりページデザインを改修しても意味はありません。それよりも、価格設定をいくらにするかを意思決定すべきでしょう。もちろん、意思決定問題が変われば、それに求められるデータ分析も変わります。

次は、意思決定の判断基準を見落とす場合です。たとえば、自動車を購入するとき、あなたならば、何を判断基準にしますか？　価格やデザイン、車内スペース、燃費でしょうか、税金やローン金利、車体サイズなども判断基準になるのではないでしょうか。住宅を購入する場合は、何を判断基準にしますか？　価格や面積でしょうか、利便性や校区、また、眺望なども判断基準になるのではないでしょうか。

意思決定問題の判断基準は、このように多岐にわたります。前記のように自分の車や住宅を購入する場合は、自らの価値観だけで判断するため、判断基準を見落とさないかもしれません。しかし、ビジネスにおいて意思決定問題を考える場合には、会社の立場に立って判断基準を想像しなければならない。そういう状況で、人はよく判断基準を見落としてしまう傾向にあります。

たとえば、営業スタッフが優良顧客を囲い込むために、優良顧客を選択する状況を考えてみましょう。営業スタッフは、分析者に対して、過去一年間の購入金額が多い顧客を上位から一〇％抽出してもらいたいと依頼しました。ここで営業スタッフは暗に、意思決定問題を「過去一年間の購入金額という判断基準で優良顧客を選定する」としています。

しかしこの判断基準では、二年前までは購入実績がないのに昨年だけ購入金額が多い顧客を優良顧客に選定する一方で、昨年の購入実績は目立つほどではないが毎年継続的に購入している顧客は優良顧客に選定しません。また、この判断基準では、利鞘《りざや》の薄いセール品ばかりを大量購入している顧客を優良顧客に選定する一方で、利鞘の大きい高級品をときどき購入する顧客を優良顧客に選定しません。つまり、優良顧客の選定基準には、過去一年間の購入金額に加えて、過去数年間の平均購入金額や利益も考慮する必要がありそうです。もちろん、選定基準が変われば、それに求められるデータ分析も変わります。

ビジネス担当者は、ビジネス課題を十分に追究しないままに意思決定問題を拙速に決めてしまい、本来は考えるべき選択肢や判断基準を見落としてしまうことが多いのです。分析者は、このように不適切に問題設計された意思決定問題を鵜呑みにしてデータ分析することは避けなければなりません。そのためには分析者は、データ分析の使い先である「意思決定問題」をビジネス担当者（意思決定者）に問い合わせて明らかにし、おおもとの目的と照らし合わせることで「意思決定問題」の妥当性を吟味し、必要に応じてビジネス担当者に修正を働きかけるべきです。

分析結果から意思決定問題を見直そう

データ分析をしていると、KKDではわからないような画期的な知識が得られたのに、意思決定に使いようがなくて無念を感じることはないでしょうか？　そんなときに、あきらめてしまっては駄目です。せっかくの知識を有効利用できるように意思決定問題を見直せないか、逆転の発想をしてみましょう。

久しぶりに、アナリシスクリーム社の例に戻りましょう。一週間先までならば、気象庁の週間天気予報を用いることで、アイスクリームの販売量を高精度に予測できます。一週間より先の販売量になると、気象庁は数値予報を公表していないので、販売量の予測誤差は大きくなります。一方、メーカーからの仕入れは週に一回、毎週火曜日です。そして、前週の火曜日までに仕入れ量を連絡しなければなりません。そのため発注量を決める際には、二週間先までの販売量を予測しなければなりません。せっかく、一週間先までの販売量ならば高精度に予測できるのに、その予測精度を意思決定に活用できないのです。

ここであきらめてはなりません。一週間先までの高精度な販売量予測を活用できるように、意思決定問題を改変できないか働きかけてみましょう。たとえば、メーカーと交渉して、火曜日だけでなく毎日仕入れできるようにできれば、一週間先までの販売量予測で発注量を決めることができます。あるいは、仕入れ量について、直前まで数量を調整できるようにできれば、一週間先までの販売量予測で発注量を決められます。

もう一つ例を挙げましょう。配送会社が、新たな地域に進出するために、配送拠点の新設を検討しているとしましょう。候補地は三ヵ所あります。データ分析をすれば、三つの候補地の中でどれが最も効率的かわかります。さらに、数理計画手法を用いれば、三ヵ所の候補地に縛られずに、地域全体の中で最も効率的な拠点を導出することも可能です。しかし、あらかじめ候補地は三ヵ所に決まっているので、せっかく数理計画で最適な拠点を導出しても、意思決定には役立ちません。

でも、ここであきらめてはなりません。地域全体の中で最適な配送拠点を採用してもらえるように、意思決定問題を改変できないか働きかけてみましょう。たとえば、配送計画スタッフとディスカッションして、三ヵ所の候補地よりも、数理計画で導出した拠点がどれだけ優れているかを説明して、説得しましょう。

このように、データ分析で優れたソリューションが得られたけれども意思決定問題にフィットしない場合には、それがフィットするように意思決定問題を改変することを働きかければいいのです。データ分析の結果から意思決定問題を改変する、まさに、逆転の発想です。

次の意思決定問題を見つけよう

あなたは、データ分析から意思決定に役立つ知識を得ることに成功したら、どんな気分になりますか？　そりゃ嬉しいですよね。

しかし、喜びに浸っている時間はありません。一つの成功の近くには、別の成功のチャンスが潜んでいるかもしれません。釣りに行って、獲物が一匹釣れると、近くにまだ獲物が潜んでいるかもしれないと思いますよね。一匹釣れた喜びに浸ることなく、すぐにまた釣り糸を垂らすでしょう。これと同じです。

では、データ分析で釣れる次の獲物は、どこに潜んでいる可能性が高いのでしょうか？有力な候補は二ヵ所あります。一つは、あなたが行ったデータ分析の近くです。もう一つは、あなたのデータ分析が活用された意思決定問題の近くです。一つずつ、例を挙げながら説明しましょう。

まずは、あなたが行ったデータ分析の近くを探してみましょう。具体的には、あなたが行ったデータ分析（分析ソリューション）を転用できるような意思決定問題が他にはないか探してみてください。たとえば、ある商品の顧客データを分析することで顧客ターゲティングに成功したならば、その分析手法を別の商品の顧客ターゲティングにも転用できるかもしれません。あるプラントの運転データを分析して故障の予兆診断に成功したならば、その分析手法を別のプラントの予兆診断にも転用できるかもしれません。あるいは、数理計画で二四時間対応業務の勤務スケジュール自動作成に成功したならば、その方法を別の業務のスケジュール自動作成にも転用できるかもしれません。

企業は多数の意思決定問題を抱えていますが、その中身を見ると、互いに類似した意思決定問題は少なくありません。ですから、一つの意思決定問題に対してデータ分析を活用できたならば、それと類似する別の意思決定問題に対しても転用できる可能性が高いのです。また、異なる組織で類似した意思決定問題を抱えている場合も多いので、組織の壁を越えて、うまくいったデータ分析を転用できるような意思決定問題はないか探してみることが重要です。

次は、あなたのデータ分析が活用された意思決定問題の近くを探してみましょう。具体的には、その意思決定問題に関連するような意思決定問題を探し、データ分析を活用できないか検討してみてください。たとえば、販売量予測により在庫量の適正化を図ることに成功したとしましょう。在庫量の適正化は、サプライチェーン問題の一部です。サプライチェーン全体を見渡すと、製造スケジュールの最適化や配送拠点の最適化といった問題もあります。あるいは、営業データを分析することで優良顧客を判別し、その囲い込みに成功したとしましょう。優良顧客の囲い込みは、営業課題の一部です。営業課題の全体を見渡すと、新店舗の立地やチラシの配布先の決定といった問題もあります。これらはいずれも、データ分析を活用しやすい問題です。

意思決定問題には、データ分析と相性の良い分野と相性の悪い分野があります。もし、ある意思決定問題についてデータ分析を活用できたならば、同じ分野に、データ分析と相性の良い意思決定問題が他にもあるかもしれません。前記の例が示すように、サプライチェーン分野や営業分野の意思決定問題は、データ分析との相性が比較的良いように思います。ある意思決定問題にデータ分析を活用できたならば、その近くにもデータ分析を活用できるような意思決定問題があるかもしれない、そんな期待を持って探してみることが重要です。

4 良い習慣をつける——分析者九ヵ条

私は仕事柄、多くの分析者と出会ってきました。分析者のスタイルは、十人十色です。でも、活躍できる分析者と活躍できない分析者を比べると、その行動パターンに大きな違いがあります。活躍できる分析者に共通する行動パターンを習慣づければ、分析上手になる早道となるでしょう。以下では、そのような習慣を分析者九ヵ条として挙げていきたいと思います。

一、ビジネスの現場に出よう、ビジネス担当者とコミュニケーションしよう

分析者の職場はどこでしょう？　オフィスでしょうか。たしかに分析者といえば、オフ

ィスでパソコンを使って仕事をしている姿を思い浮かべられると思います。でも、オフィスに閉じこもっているだけでは、良い仕事はできません。活躍できる分析者は、オフィスに閉じこもらずに、社内を駆け回ってコミュニケーションします。まさに、フォワード型分析者です。逆に、オフィスに閉じこもって、ずっとパソコンに向かっている分析者、すなわちバックオフィス型分析者は、活躍できません。なぜでしょう？

それは、データ分析の三種の神器、「チャンス」と「ヒント」と「ゴール」は、ビジネスの現場に眠っているからです。これらはオフィスで待っていても入手できません。自らビジネスの現場に赴き、ビジネス担当者に積極的に話しかけてこそ、入手できるのです。では、活躍する分析者は、三種の神器をどのように見つけるのか、説明しましょう。

一つ目の神器は、データ分析の「チャンス」です。私のチームの中には、データ分析の「チャンス」を見つけるのが得意な分析者がいます。そういう分析者の共通点は、積極的なコミュニケーション力です。社内で人脈を広げ、他部門の人と会う機会があれば雑談をします。

分析者「最近は、どんな仕事をしているの？」
担当者「アイスクリームの発注量を決める仕事だよ」

分析者「アイスクリームの販売量はかなり変動するだろうから、発注量を決めるのは難しいよね」
担当者「その通りなんだ。このあいだも、販売量の見通しを誤って在庫不足を招き、上司にこっぴどく怒られたよ」
分析者「販売量ってどうやって予測しているの？」
担当者「前年同月の販売量を参考に、最近の販売量の推移を加味して決めている。結局は、経験と直感だよ」
分析者「最近、統計手法を用いた需要予測が注目されているけど、試したことはある？」
担当者「えっ、統計手法で予測？　いや、試したことはない。一度、話を聞かせてくれないかな？」
分析者「いいよ。じゃ、来週でも打ち合わせしようか」

こんな感じです。ビジネス担当者とコミュニケーションしていると、「この業務にはこんな課題があるのか。だったら、こういったデータ分析をすれば解明できるのではないか！」というヒラメキが生まれるのです。コミュニケーションの機会は、オフィシャルな打ち合わせやヒアリングだけではありません。エレベータの中での立ち話や社内食堂での雑談でも「チャンス」はあります。オフィスに閉じこもらず、他組織の人とコミュニケーションする機会をどんどん作り、ビジネスや業務を広く深く知り、課題を聞き出す意欲を持ちましょう。

二つ目の神器は、データ分析の「ヒント」です。オフィスに閉じこもってパソコンで分析しているだけでは、「使える解」は得られません。オフィスに閉じこもって得られる解は「数学の解」であり、そのままでは現実のビジネスに使える保証はありません。「ビジネスに使える解」を導くヒントは、ビジネス現場においてＫＫＤ（勘と経験と度胸）で対処してきた担当者とのディスカッションの中にあります。

「数学の解」をそういった担当者に報告すると、「何か感覚と違うなあ」とか、「経験的にはこういった要素も考えて判断するけど」といった疑問を投げかけられます。たとえば、こんな感じです。

分析者「アイスクリームの販売量を気温と風速から予測する式が完成しました」

担当者「風速？　何か感覚と合わないなあ。僕の経験では、降水量が影響すると思うんだけど」

分析者「たしかに風速がアイスクリームの販売量を決めるとは考えにくいなあ。降水量は考えていなかったけど、たしかに雨の日は販売量が減りそうだ」
担当者「それから、気象だけではなくて、休日・平日の違いや広告の影響も無視できないと思うんだけど」
分析者「なるほど。それも考えていなかったですね。アドバイスをもとに、データ分析をやり直してきます」

こんな感じです。ＫＫＤで対処してきたビジネス担当者と分析結果について一緒にディスカッションするところに、「数学の世界の解」を「ビジネスに使える解」へと昇華させるヒントがあります。

三つ目の神器は、データ分析の「ゴール」です。ここでの「ゴール」とは、データ分析の成果、すなわち、ビジネスに活用されて貢献することです。分析者が、分析結果を報告して満足していても、実際には、ビジネスに役立っていないかもしれません。もっと改善することで、よりよい貢献ができるかもしれません。

そのためには、分析結果を報告しただけで終わるのではなく、ビジネスにどのように使われているかフォローしなければなりません。たとえば、こんな感じです。

分析者「このあいだ報告した販売量予測手法は、仕入れ業務に使っている？」
担当者「徐々に使い始めているよ」
分析者「それは嬉しいな。以前と比べて、在庫管理は改善できている？」
担当者「そうだね。勘と経験を頼りにやっていた頃と比べると、在庫不足が発生する頻度が半分ぐらいになったよ」
分析者「それは良かった。でも、まだまだ在庫不足が発生することがあるんだね」
担当者「そうなんだよ。予測値を鵜呑みにして在庫管理してしまうと、ときどき在庫不足が発生してしまうんだ。予測は、外れることもあるだろうし、外れることを考慮して在庫管理しないといけないんだろうな」
分析者「なるほど。一案だけど、予測値がどれぐらい外れそうかを範囲で示すと役立つかな」
担当者「それはすごいよ。少なくともいくら以上、多くともいくら以下、こういった範囲がわかると、在庫管理は大助かりだよ」
分析者「了解。じゃあ来週中に分析してみて報告するよ」

大切なことは、分析者自身がビジネスを少しでも良くしようと思う気持ちを持って、ビジネス担当者と接することです。そういう気持ちはビジネス担当者にも伝わり、当初はデータ分析に懐疑的であったビジネス担当者も心を開き、データ分析でビジネスを変革することに協力的になります。

分析者は、オフィスに閉じこもってデータ分析するのではなく、ビジネス担当者と積極的にコミュニケーションして、データ分析の「チャンス」と「ヒント」と「ゴール」をつかまなければなりません。ビジネス担当者とのコミュニケーションを億劫がっていては、良いデータ分析はできません。「僕はパソコンでデータ分析さえできればそれで幸せなんです」などというのは、謙虚な発言に聞こえますが、じつは、ビジネスの現場から逃避することを正当化する言い訳です。「ビジネスを知らざる者、分析者にあらず」という言葉を胸に、ビジネス現場に足を運ぶ習慣を持ちましょう。

余談ですが、私のオフィスは、以前は本社から離れた場所に所在していましたが、二〇〇六年に本社に移転しました。そして、本社への移転を契機に、データ分析によるソリューションの数は激増しました。なぜかわかりますか？　本社には、様々な組織のビジネス担当者が多数います。本社にいれば、彼らとのコミュニケーションが自然と活発になってくるからです。

二、整理整頓を心がけよう

「整理整頓すれば仕事力がアップする」とよく言われます。そういった趣旨のビジネス書も多数出版されています。データ分析も同じです。整理整頓すれば分析力がアップします。逆に、整理下手では、なかなか分析力はアップしません。

私は、米国の研究所でデータ分析に従事していたとき、上司から"Get organized!"（整理しろ！）とよく言われました。部屋の整理、書棚の整理、参考資料の整理。その中でも特に徹底されたのは、分析ファイルの整理です。

データ分析をする場合、パソコンで分析ソフトウェアを使って数値計算をやっていきます。その過程で、データファイルや分析ファイルが生成されていきます。分析が進むにつれて、ファイルの中身はどんどん複雑になっていきます。数式が入り乱れ、数式と数式の間はスパゲッティのように絡み合います。エクセルで分析していく場合ならば、セルの中に他のセルを引数とした数式が入り、別のシートのセルや別のファイルのセルを引数とする場合もあります。

このように複雑な分析ファイルを整理整頓せずに作成するとどうなるでしょうか？　迷路のような、混沌としたファイルになってしまいます。混沌とした分析ファイルで作業するのは、あたかも、マージャンで手牌を整理せずに打つようなものです。そんなことをしたら、天才でもない限り、作戦を考えるのは難しいでしょうし、打ち間違えることも起こるでしょう。データ分析でも、分析ファイルを整理整頓せずに分析を進めると、次のような問題点が生じます。

①入力ミスをしたり、プログラミングミスをするなど、ミスを起こしやすくなる。
②データや数式の所在がわからず、それらを探すことに時間を浪費する。
③自らが作った分析ファイルを構造的に理解できなくなり、改良や修正が困難になる。
④時間が経過すると分析ファイルの中身を理解できなくなり、再作業は困難になる。
⑤別の人に業務を引き継ぐときに、分析ファイルを引き継ぐことができない。

それでは、分析ファイルを整理整頓するには、どのような点に気を付ければいいのでしょうか。どのような分析ソフトウェアを用いるかによって異なりますので、一例としてエクセルを使う場合において、私が心がけている点を以下に挙げます。

①データと計算式は、混在させずに分ける。

②計算式のパラメータは直接セルに入力せず、外出しする。
③データには、単位をつける。
④数式には、数年後に振り返っても理解できるように注釈をつける。
⑤シート間のリンクやファイル間のリンクは、一方向のツリー構造とする。
⑥不要になったデータや数式は消す。
⑦ファイル名称は、それを見れば何のファイルかわかるような名称にする。

これは、あくまでも私のやり方です。分析ファイルの作り方は、分析者それぞれのスタイルがあります。ですからあなたも、あなた自身のスタイルに合った整理整頓法を習慣づければいいのです。ぜひ、あなた流の分析ファイル整理法を考案し、習慣づけてください。

余談ですが、米国で研究員をしていたときは、分析結果に「再現性」を求められました。再現性とは、科学における重要な概念で、研究で得られた結果を再現できることを指します。別の研究者でも再現できるから、科学的な知見として認められるのです。米国の研究所では、データ分析においても、科学と同様に再現性を求められました。具体的には、その分析に用いたデータと分析ファイルの開示を求められました。もちろん、データや分析ファイルは、別の分析者でも理解できるように、整理整頓されていなければなりません。そのような開示要求に備えるため、研究員メンバーのデータファイルや分析ファイルは、常に整理整頓されていました。

三、なぜ？　なぜ？　なぜ？

仕事でも研究でも、思慮の浅い人間は成長しません。何も考えずに物事を進めるのですから、成功や失敗をフィードバックして成長することはできないのです。データ分析も同じです。どれだけ分析手法やITに詳しくても、考えることを怠れば、もはや「分析者」ではなく「分析作業者」です。

どこまで物事を考えているかは、ちょっとした質問を投げかけてみるとすぐにわかります。

質問「なぜこの分析問題に取り組んでいるの？」
回答「えっ……。先日、営業部から相談を受けたので……」
質問「なぜこの分析手法を用いているの？」
回答「えっ……。先輩が前にこの方法を使っていたから、それを踏襲しました……」

質問「なぜこの分析結果になったのだろう?」
回答「えっ……。分析ソフトにデータを入れたらこういう結果になったので……」

思慮の浅い分析者は、右記のような質問をすると、まずは質問に戸惑います。そして、苦し紛れに出てくる答えは、他力本願な考えです。営業部が言ったから、先輩が使っていたから、パソコンがそういう結果を出したから……。自分はどう考えたか、がまるでないのです。これでは、どれだけデータ分析をやっても、分析者として成長しません。人に言われた分析をこなすだけの「分析作業者」になるのが精一杯でしょう。

私は、データ分析のプロセスを、「分析ストーリー」とたとえます。分析する目的を見つける→分析問題を決める→データを集める→分析手法を選択する→分析結果を得る→分析結果をグラフで表現する→……といった流れを見ると、分析プロセスは「分析ストーリー」のように見えてきませんか? でも、分析ストーリーは物語と違って、面白さを求められるのではありません。分析ストーリーに求められるのは、一貫性があり、論理的であり、結論的であり、そして、有意義であることです。

右の「なぜ」に答えられない分析者は、漠然と分析ストーリーを描いているのです。その結果、一貫性がなく、論理的なつながりに欠け、結論が不明確な「ストーリー」になってしまうのです。

分析者として成長するには、「なぜ」を意識し、その理由を追究しなければなりません。なぜ、貴重な時間を割いてこの分析問題に取り組むのか？　なぜ、数ある分析手法のうちこの手法を用いるのか？　なぜ、このような分析結果になったのか？　これらの「なぜ」の理由を追究すれば、自ずと不整合や矛盾に気付き、それを修正し、分析ストーリーを整えていけます。

「なぜ」を意識して理由を追究することは、面倒です。そんなことを考えずに、分析を進めたくなる衝動にかられます。その誘惑に負けないためにも、常に「なぜ」を自らに問い続ける習慣をつけてください。そうすれば、「考えない分析作業者」から、「考える分析者」へと成長できます。

四、データをビジュアル化しよう

分析者の中には、生データを見ずに、分析を進めていく人を見かけます。分析ソフトウエアを使えば、生データを見ることなくボタン一つで統計値を出せるので、あえて生データを見る必要性を感じないようです。

でも、私から見ると、これは非常に危険な行為です。統計値とは、データを特定の視点から評価した値に過ぎません。データが持つ様々な特徴の一部を表しているに過ぎないのです。たとえば、次のような意思決定シーンを想像してみてください。

○患者の状態を自分の目で確認せずに、検査結果だけで治療方法を決める。
○実際の経済活動を調べずに、GDPだけで経済政策を決める。
○料理の味を自分の舌で確認せずに、味覚センサーで味付けを決める。

いずれも、実態を見ずにいくつかの指標だけで判断しようとしているのです。大きな判断ミスを犯しそうですね。統計値だけで判断するのも同じです。いくつか例を挙げてみましょう。

図3－4は、気温とアイスクリーム販売量の散布図に回帰線を描いたものです（架空のデータ）。上図の左上の点は異常値と判断できます。仮に異常値を除いて回帰線を描くと下図のようになります。もし、散布図を描かずに回帰分析だけをしていたら、異常値に気付かずに上の回帰式を鵜呑みにしていたでしょう。

図3－5は、原油価格の変化率を度数分布図に描いたものです。度数分布図を見ると、前日よりも一〇％以上価格が変動するケースが散見されます。一方で、標準偏差を見ると

二・七%です。理論的には、標準偏差の四倍の変動が発生するのは一〇万分の六の確率です。ですから、一〇%以上の価格変化は一〇〇年に一回ぐらいしか起こらないはずです。もし、ヒストグラムを描かずに標準偏差を計算するだけでしたら、一〇%以上価格変化する可能性には気付かなかったでしょう。

このように、統計値だけしか見なければ間違った解釈をする可能性があります。そのよ

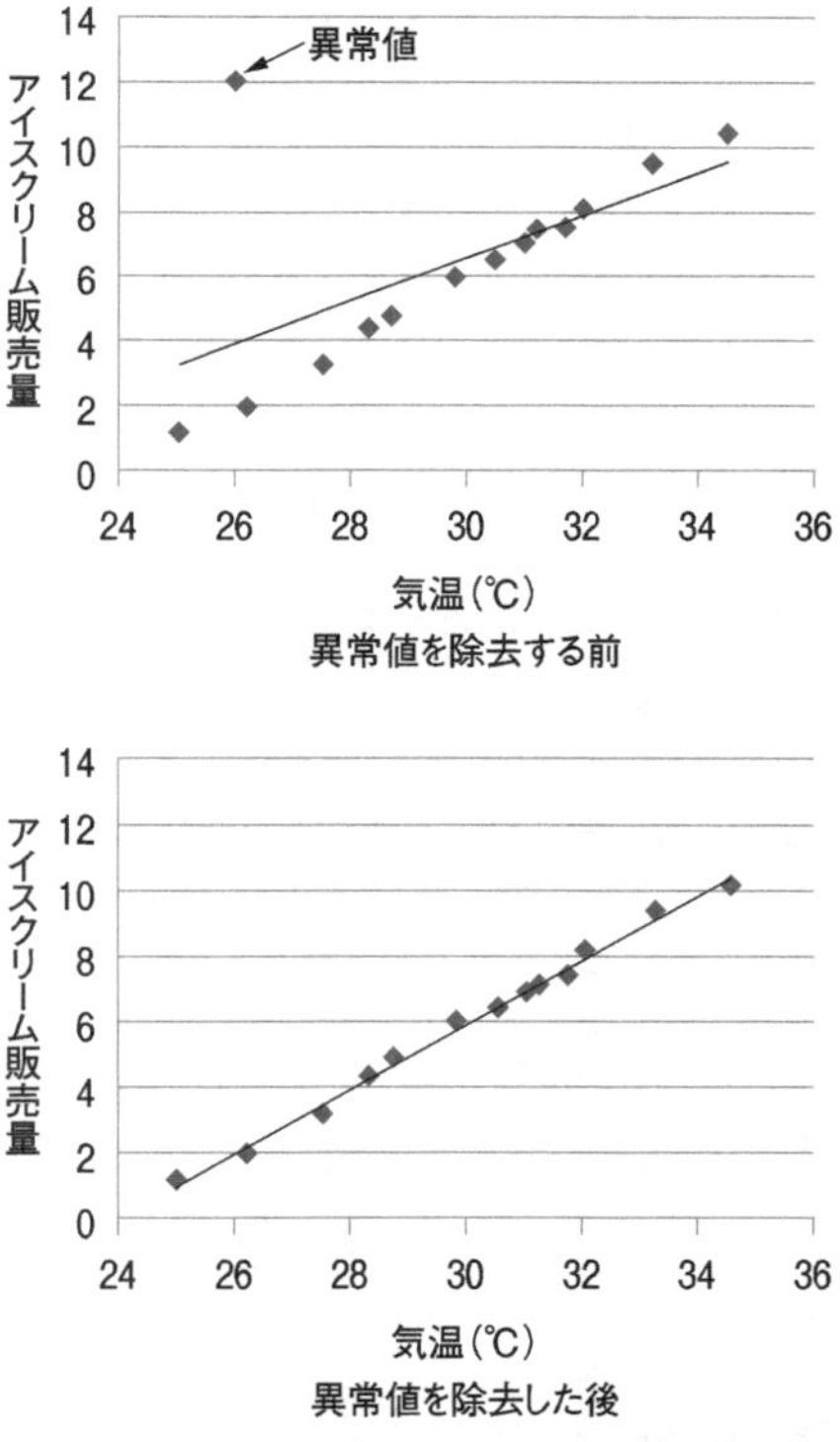

図3－4　気温とアイスクリーム販売量の関係（架空データ）

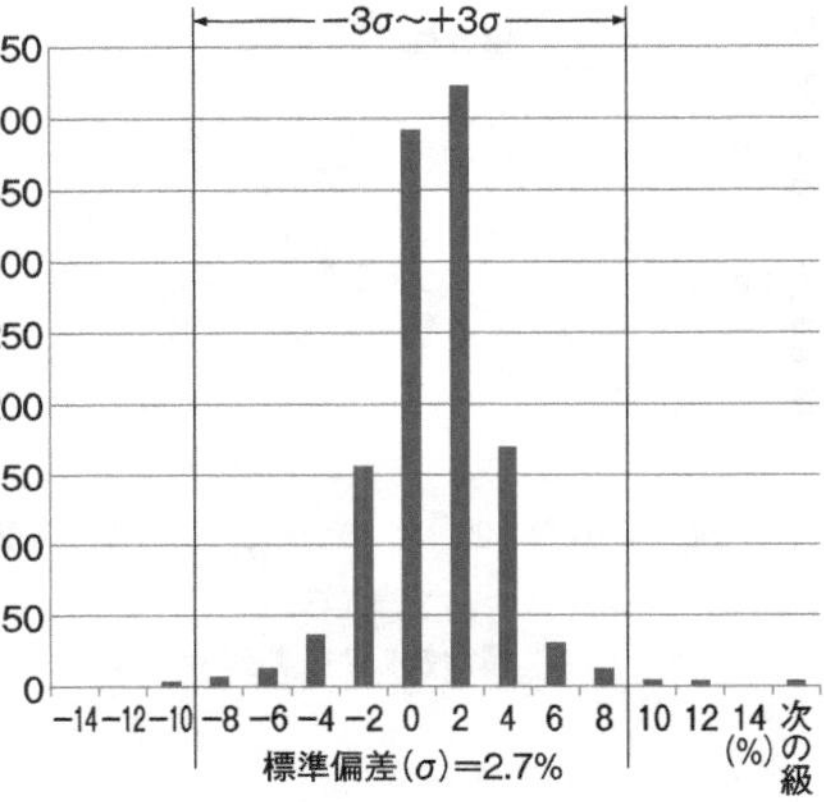

図3－5　原油価格の変化率の度数分布図

うな間違いを回避するには、統計値を出すだけでなく、グラフを用いてデータをビジュアル化しなければなりません。データのビジュアル化は、データのスクリーニングにも役立ちます。たとえば、データを時系列グラフにするだけで、異常値を見つけることができます。二つのデータ系列の散布図を描くだけで、異常値を見つけることができます。

　データ分析を始める前に、まずは生データをビジュアル化して異常値がないか視覚的に見る。統計分析をする場合には、統計値を鵜呑みにせずに、統計量に相当するグラフを作成して視覚的に吟味する。そういった習慣をぜひつけてください。

五、他人のデータを疑おう

　データ分析をしていると、自分や自社で集めたデータだけでなく、他人が集めたデータを用いる場合もあります。しかしもし、他人のデータを引用して間違えた結論を出した場合、それはあなたの責任です。だから、他人のデータを活用する場合には、その妥当性を吟味する習慣をつけなければなりません。

他人のデータのうち、発表者自身が収集したデータを一次データ、外部から引用したデータを二次データと呼びます。たとえば、「県の統計局がネットで公開している調査結果」は統計局自身で収集したデータであるので一次データです。一方、「新聞や論文などに掲載されているデータ」の多くは別の論文や統計書の値を引用しているので二次データです。

他人のデータを引用する場合には、その収集方法が妥当であるかを十分に吟味しなければなりません。一次データである場合には、付記されているデータ収集方法の妥当性を吟味しましょう。二次データである場合には、付記されている引用元に遡ってデータ収集方法を確認し妥当性を吟味しましょう。もし、一次データであるのにデータ収集方法に関する記述に不備がある場合や、二次データであるのに引用元が明示されていない場合には、それらのデータは信頼できないと考えましょう。

もう一つ、他人のデータを引用する場合には、誰がどういう目的で収集したのかを確認しましょう。データを集めた本人がそのデータで何らかの主張を行っている場合、その主張に沿うように意図的にデータ収集を行った可能性を疑うべきです。たとえば、利害関係者は自らの利益に合致するデータを意図的に収集しているかもしれないし、社会問題の活動家は特定の社会問題への関心を喚起するようなデータを意図的に収集しているかもしれないし、ニュース性を追求するメディアは読者の注目を浴びるようなデータを意図的に収集しているかもしれません。

まとめれば、他人のデータを用いて分析するということは、あなたはそのデータの信憑性に責任を持つということです。統計局や気象庁などの公的な機関のデータでない限り、まずは疑う習慣をつけましょう。特に、データの収集方法および誰がどういう目的で収集したかを確認しましょう。そして、疑わしければ使わないことです。

六、Simple is better

人は、複雑なものや大規模なものに価値を感じるようです。たとえば、時計や自動車などの機械製品、教科書や参考書などの書籍、絵画や彫像などの芸術作品……。データ分析でも、そのような嗜好は随所に見られます。たとえば、複雑な分析モデルのほうが、単純な分析モデルよりも「すごいことをやっている」ように感じることはないでしょうか？　たとえば、専門用語を用いた説明のほうが、平易な言葉を用いた説明よりも「すごいことをやっている」ように感じることはありませんか？　たとえば、分厚い報告書のほうが、薄っぺらい報告書よりも「すごいことをやっている」ように感じることはありませんか？

これらは、すべて幻想です。不必要に複雑な分析モデルを用いれば、難解になるだけです。素人には馴染みのない専門用語を用いて説明すれば、聞く気が失せるだけです。むやみに報告書を分厚くすれば、読む気が失せるだけです。同程度の効果を得られるならば、モデルも説明も報告書も単純明快なほうが良いに決まっています。

私は、米国の研究所でデータ分析に携わっているときに、上司から何度も“Simple is better.”と言われました。あなたも、「単純なほどすばらしい」という価値観を持って、分析モデルを構築するときも、報告書を作成するときも、説明をするときも、「もっと単純にできないか」模索してください。もし、複雑にしなければならないとき、大規模にしなければならないときには、本当に複雑にする必要があるのか、もっと単純にはできないのか、を自問自答する習慣をつけてみてください。

七、ざっくり計算

分析ソフトウェアを用いれば、人間の処理能力を超えたデータ量を、ボタン一つで分析してくれます。山ほどのデータを、たった一つの統計値やグラフに凝縮してくれます。でも、分析ソフトウェアが出力する値やグラフを鵜呑みにするのは危険です。データに間違いがあるかもしれない、分析パラメータの設定を間違えていたかもしれない、そんな間違いに気付かずに出力結果を鵜呑みにしているかもしれません。

では、どうすれば良いのでしょうか？　分析ソフトウェアが出力する統計値やグラフを鵜呑みにするのではなく、どうしてこういう統計値やグラフが得られたのかを理解すれば良いのです。たとえば、なぜこの式で予測できるのか、なぜこの決定木で分類できるのか、なぜこれが最適解なのか。それを追究するのです。

もちろん、厳密に追究することは無理です。そもそも、人間の能力を超えたデータ量を処理するのに分析ソフトウェアを使っているのですから、その結果を厳密に理解することは無理です。しかし、ざっくりした理解ならば可能です。

たとえば、予測式ならば、なぜ気温と降水量と平休日が予測変数になるのか、なぜ気温の係数はその値になるのか、を理解しなければなりません。そのためには、販売量と各変数との間で相関分析や単回帰分析などの追加分析を行えば、理解の助けになるでしょう。同様に、決定木分析については、多段階の決定木を理解するために、説明変数ごとに一段階の決定木を行えば、理解の助けになるでしょう。最適化計算については、最適解を用いてシミュレーション計算を行えば、理解の助けになるかもしれません。このように、分析を細切れにして部分的な理解を図り、それを統合することで構造的な理解に到達できるのです。

私が米国の研究所でデータ分析に携わっていた頃、上司や同僚から幾度となく"Ballpark Estimate"という言葉を聞かされました。"Ballpark Estimate"とは、「ざっくり計算(理解)」という意味です。語源には諸説がありますが、一説には、「野球場の場内アナウンスでおおよその入場者数を発表していたこと」から来ているそうです。分析結果を報告すると、「ざっくりでいいから、なぜ、この分析結果になるのかを説明してくれますか」と問われました。この問いに鍛えられて、いつの間にか、分析結果を鵜呑みにせずに「ざっくり理解」する習慣がつきました。

「ざっくり理解」には、かなりの追究心と暗算力が求められます。はじめのうちは、ストレスを感じるでしょう。でも、「ざっくり理解」できるようになると、スッキリするようになります。その「スッキリ感」を覚えると、分析ソフトウェアが出力する値やグラフをそのまま鵜呑みにすることが気持ち悪くなってくるのです。

八、文章を書こう

物事をどこまで理解できているかは、自分ではなかなかわからないものです。あなたも、自分では理解したつもりが、先生や会社の上司に「本当にわかっているのか?」なんて怒られたことはありませんか。そういう場合は、物事を表面的にしか理解できておらず、本質的な理解に至っていない可能性が高いでしょう。要は、理解度が浅いのです。

データ分析も同じです。自分では、データ分析から何がわかったのか理解しているように思っていても、本当に理解できているのか怪しいものです。私の周囲にも、分析結果を「数字」という表面でしか理解できていないのに、理解できたように思い込んでいる分析者がいます。分析結果を数字の世界でしか理解できず、実際のビジネスにおいてどういう意味を持つのかまで理解が及んでいないのです。でも、本人は何となくわかった気分になっているのです。

では、どうすれば、理解度の浅さを自覚できるのでしょうか? 文章を書いてみてください。データ分析から何がわかったのかを文章にまとめてみてください。数字の世界でしか理解できていなければ、あたかも数式を文章化したような無機質な文章しか書けないでしょう。アナリシスクリーム社の例に戻りましょう。以下の二つの文章を比較してみてください。

「アイスクリーム販売量は、気温と降水量を引数とする線形回帰式で予測できます。平均予測誤差は三％、最大誤差は一二％です」
「統計的手法を用いて、アイスクリーム販売量を気温と降水量から高精度に予測できるモデルを開発しました。予測誤差は、従来の経験的な予測の約半分程度です。本予測モデルを用いれば、在庫不足や在庫過剰を回避でき、年間約一五〇〇万円のコストダウンを実現できる見込みです」

ビジネス担当者が読む場合、どちらの文章に「なるほど」と思うでしょうか？　当然後者の文章ですよね。

データ分析の結果について、文章だけでビジネス担当者を納得させてみましょう。それほど簡単なことではありません。はじめに、あなたは自らの理解度の低さに気付くはずです。そして、文章を練っていくプロセスで、抽象的な理解から具体的な理解へ、断片的な理解から全体的な理解へ、表面的な理解から本質的な理解へと進化するはずです。冗長な部分も見えてくるでしょう。目的と目標の違いも明らかになってくるでしょう。

ときどき、難解な分析専門用語を文章中に使う人がいます。そういう人に「専門用語を使わずに平易な言葉で書いて」と指示すると、「専門用語を使わないと正しく表現できません」と答えます。私から言えば、その人は、理解度が低いので専門用語で誤魔化さざるを得ないのです。本当に理解できていれば、ビジネス担当者に理解できる平易な文章を書けるはずです。

私は、一九九一年に会社に入りました。その頃はオフィスにパソコンはなく、ワープロ専用機が何台かあるだけでした。資料と言えば、図表もない文章だけ、しかも、A3一枚とかA4一枚といったように、決められた字数で書かなければなりません。入社当初は、資料を上司に提出するたびに、「何を言いたいのかわからない」とか、「文章が冗長すぎる」とか、「抽象的すぎてわからない」などと怒られたものです。そして、文章を書き直すプロセスで、自分の理解が浅いことに気付き、理解を深めていったものです。

しかしながら、近年は、パワーポイントが普及し、文章を書く機会はすっかり少なくなりました。パワーポイントの良いところは、図表を用いて視覚的にわかる資料を作れることでしょう。しかし、逆の見方をすれば、パワーポイントを用いれば、文章を書かなくても視覚的に「理解した気分」になる資料を作れるのです。データ分析の報告書ならば、冒頭に分析手法を箇条書きして、あとは分析結果グラフを貼り付けるだけ。分析者はこういった報告書を平気で提出し、ビジネス担当者はこういった報告書でわかった気分になる訳ですから、理解が深まるはずはありません。

多くの人にとって、パワーポイントで資料を作るのは、文章だけで資料を作るよりもずっと簡単だと思います。それは、十分に理解しなくても「体裁だけは整っている資料」を作れるからです。一方で、文章だけで資料を作る場合は、中身がないのに体裁だけを整えることは難しいのです。逆に言えば、とことん理解していなければ、文章だけで資料を作ることはできないのです。

決してパワーポイントを否定する訳ではありません。視覚的にわかることは良いことです。でも、それは表現の手段に過ぎないのです。本当に理解できているかどうかを確認するためにも、ぜひ文章を書く習慣をつけてみてください。

九、うまくいかなければ、目的に立ち戻ろう

データ分析をやっていると、思ったようにいくことのほうが少ないはずです。たとえば、販売量予測をやっても、期待していた予測精度を達成できない場合があります。サプライチェーンの最適化をやっても、現状をそれほど改善できない場合があります。顧客ターゲティング分析をやっても、営業マンの経験と勘には勝てない場合があります。そういうときは、悪あがきをせずに、「データ分析では解決できない」ことを認めればいいのです。

データ分析をすれば、何でも問題を解決できると考えている人もいますが、それは間違

っています。そもそも、データ分析に使えるデータは限られているのです。自然科学と違って実験室でデータを計画的に集めることはできません。ビジネスに関係するデータは、過去に実際に発生したデータを記録しておくしかありません。データ分析するのに必要だからと言って、いまからデータを収集することはできないのです。ですから、ビジネスでデータ分析をする場合には、活用できるデータは限られている。使えるデータが限られているのですから、どれだけ分析手法を駆使しても、問題を解決できない場合があるのです。

だから、「誤差五%未満の予測手法の開発を試みましたが、できませんでした」と堂々と言えばいい。「営業マンの経験よりも優れた顧客ターゲティング分析を試みましたが、できませんでした」と堂々と言えばいいのです。いつまでも、「誤差五%未満の予測手法を開発する」「営業マンの経験よりも優れた顧客ターゲティング分析を開発する」といった目標に固執して、分析手法をこねくり回して悪あがきしているのは、時間の無駄です。

「データ分析では解決できない」というのも立派な答えです。ビジネス担当者の中には、「え、あなたは分析の専門家なんだから、解決できるはずだろう」なんて言う人もいるかもしれません。そういう人は、「神のみぞ知る」という言葉を理解できない人ですから、放っておきましょう。

大切なことは、データ分析で解決できないことを悟った後のアクションです。目的に立ち戻ることが重要です。販売量予測は、在庫適正化という目的を達成するための手段の一つに過ぎません。在庫適正化には、販売量の調整や倉庫の拡大といった手段も考えられるでしょう。顧客ターゲティングも、営業活動の効率化という目的を達成するための手段の一つに過ぎません。営業活動の効率化には、営業マンの要員最適化や訪問タイミングの最適化といった手段も考えられるでしょう。新しい手段を思いつけば、それを解決するための新しい分析課題も見えてくるはずです。

データ分析で思ったような結果が得られなかった場合には、悪あがきをせずに、目的に立ち戻る習慣をつけましょう。そして、目的を達成する別の手段を考え、それを実現するために必要な分析課題と併せて、ビジネス担当者に逆提案すれば良いのです。そうすることで、期待していた分析結果を得られなくても、次のアクションにつなげることができるのです。

第4章　分析プロフェッショナルへの道

第2章では、データ分析でビジネスを変える力の要件について説明しました。第3章では、そのような力を上達させるための方法について説明しました。本章では、そのような力を極めれば、データ分析を職業とする分析プロフェッショナルになれることを示します。分析プロフェッショナルに必要な要件を説明し、分析プロフェッショナルになるにはどのような努力をすれば良いか、分析プロフェッショナルという仕事がいかに魅力的な職業であるかを読者に伝えたいと思います。

1　分析プロフェッショナルとは？

分析プロフェッショナルという職業

プロフェッショナルとは何でしょうか？　スペシャリストとは何が違うのでしょうか？「プロフェッショナル」という言葉を「職業」、「スペシャリスト」という言葉を「専門家」と訳すならば、以下のように分類できると思います。

スペシャリスト――ある分野において専門力を有する人

プロフェッショナル――ある分野において専門力を有し、それを報酬につなげられる人

この定義に従えば、「分析スペシャリスト」とは、統計分析や数理計画などの手法に通じたデータ分析の専門家です。どんなに難解な分析手法も使いこなせ、どんなに大量なデータでも処理できる、そういった人材です。

それに対し、「分析プロフェッショナル」とは、このような分析力を報酬につなげられる人を指します。分析プロフェッショナルは、データ分析の専門家であるだけでなく、データ分析の仕事を依頼され、その仕事の対価として報酬をもらえる人です。さらに、それを職業にできるのは、それなりの報酬を得るだけの仕事を依頼され、報酬に見合った付加価値を生み出す人です。

外科医やお菓子職人の場合、スペシャリストとプロフェッショナルにそれほど大きな違いはないかもしれません。外科手術の腕が上達してくれば、自ずと患者数は増えてくる。お菓子作りの腕が上達してくれば、自ずとお客は増えてくる。専門を究めれば自ずと職業になる、すなわち、スペシャリストの延長線上にプロフェッショナルがあるのです。

一方、分析スペシャリストと分析プロフェッショナルでは格段の違いがあります。統計

解析力をどれだけ磨いても、それだけでは職業にはなりません。なぜなら、データ分析の商品である「数字」の便益は目に見えないからです。分析スペシャリストが分析プロフェッショナルになるには、分析力の腕を磨くだけでなく、数字という目に見えない商品でクライアントに営業する力と、数字という目に見えない商品でクライアントを満足させる力も求められるのです。

勘の良い読者ならば、第2章と同じようなことを言っていると思われるかもしれません。じつはその通りです。第2章では、データ分析でビジネスを変えるには、解く力（分析力）だけでなく、見つける力（問題発見力）と使わせる力（実行力）が必要であると伝えました。問題発見力こそがクライアントに営業する力であり、実行力こそがクライアントを満足させる力です。すなわち、第2章で述べた「データ分析でビジネスを変える力」が上達すれば、自ずと分析プロフェッショナルとなる道が開けてくるのです。

では、どのような要件を満たせれば、分析プロフェッショナルと言えるのでしょうか？

分析プロフェッショナルの要件

私は、分析プロフェッショナルであるための要件として、以下の三つを挙げたいと思います。

①成果指向

分析スペシャリストと分析プロフェッショナルの違いの一つは、前者はプロセス指向に陥りやすいのに対し、後者は成果指向でなければ務まらない点です。分析スペシャリストは、分析の難易度やデータの量で達成感を覚える傾向にあります。しかし、分析手法やデータはプロセスに過ぎず、成果ではありません。分析プロフェッショナルは、データ分析で報酬をもらうのですから、そのデータ分析の成果を意識しなければなりません。

それでは、データ分析の成果とは何でしょうか？　分析結果の数字は成果ではありません。分析結果がビジネスにもたらした効果こそが成果です。極端なことを言えば、ビジネスに影響を与えないようなデータ分析の成果はゼロです。第１章で述べた分析の価値の定義、「分析の価値」＝「意思決定への寄与度」×「意思決定の重要性」を思い出してください。分析プロフェッショナルは、この「分析の価値」の尺度を持ってクライアントに臨まなければなりません。

「分析の価値」は、どのような分析問題に取り組むかでほぼ決まります。ですから、クライアントに分析課題を提案する段階において、その価値がデータ分析をするに値するものか吟味し、その価値の大きさをクライアントに説明しなければなりません。クライアントから分析課題を依頼された場合でも、その価値がデータ分析をするに値するものか吟味し、値しなければ引き受けるべきではありません。クライアントが「分析の価値」を測る力を持たない場合は、その分析課題に着手すべきかどうかは分析プロフェッショナルの責任で決めなければなりません。

あなたが成果指向であるかどうかは、次の問いを自問自答すればわかります。あなたを分析者であるとして、クライアントから販売量予測の依頼を受けたとしましょう。あなたは、クライアントに何を訊くでしょうか。

ここで、「予測に用いることのできるデータは?」とか「目標とする予測誤差は?」という問いが出てくる人は、プロセス指向です。「何のために販売量予測をするのですか?」とか「販売量予測の誤差を改善すると、ビジネスにとってどのような効果が期待できるのですか?」という問いが出てくる人は、成果指向です。

②実績と信頼

分析プロフェッショナルが分析スペシャリストと違う二つ目の点は、実績や信頼が不可欠である点です。もしあなたが分析スペシャリストならば、実績や信頼はそれほど重要ではないかもしれません。一方、もしあなたが分析プロフェッショナルならば、実績や信頼がなければ、仕事が来ずに生計を立てることができないでしょう。

名医が名医であるのは、数々の治療実績とそれに伴う信頼があるからです。その実績と信頼に惹かれて、多くの患者がやってくるのです。分析プロフェッショナルも同じです。データ分析でビジネスに貢献した実績とそれに伴うクライアントからの信頼があるからこそ、クライアントを引き付けて、新しいデータ分析の仕事の依頼が来るのです。

では、どうやれば実績と信頼を勝ち得るのでしょうか？　たくさんの手術をこなせば名医になる訳ではないように、たくさんのデータ分析をこなせば実績になる訳ではありません。クライアントに真摯な姿勢で接し、クライアントの期待に応える成果を地道に積み上げていくことで、信頼を勝ち取っていくのです。

もちろん、手術はいつでも成功する訳ではないように、データ分析はいつでも期待する結果を得られる訳ではありません。そのようなときに、どれだけ丁寧に説明するか、また、どれだけ次善の策を練れるかで、信頼は大きく変わってきます。手術する前から根拠もなく「絶対に手術は成功します」と見得を切ったり、手術が失敗に終わった場合に「仕方ないですね」と他人事のような態度を示せば、患者からの信頼は損なわれます。同様に、分析に着手する前から根拠もなく「期待に応えられる結果を出せますよ」と見得を切ったり、期待通りの分析結果が得られなかった場合に「仕方ないですね」と他人事のような態度を示せば、クライアントからの信頼は損なわれてしまいます。

あなたがクライアントからの信頼を勝ち取れているかどうかは、クライアントのあなたに対する声でわかります。「＊＊さんの分析結果ならば信用できます」とか、「＊＊さんの分析力をもっても解決できなければあきらめます」といった言葉をもらえるようになれば、あなたはそのクライアントから信頼を得ていると言えるでしょう。

③売り物になる専門性

分析プロフェッショナルと分析スペシャリストが違う三点目は、専門性です。分析スペシャリストに専門性とは何ですか、と訊くと、「決定木分析」とか「テキストマイニング」といった分析手法を挙げるかもしれません。でも、これらは方法論です。売り物にはなりません。包丁の使い方がうまいからといって、それだけでは売り物にならないのと同じことです。売り物になるのは、中華料理やイタリア料理や懐石料理といった得意料理です。

同じように、分析プロフェッショナルは、売り物になる得意分野を持たなければなりません。たとえば、「顧客離脱分析」とか、「ウェブアクセスログ分析」とか、「サプライチェーン最適化」とか、「この分野のデータ分析ならば任せとけ！」という誰にも負けない分野を持たなければなりません。得意分野を持つ意義は、それが売り物になるからだけではありません。得意分野があるからこそ、自らに自信を持ち、クライアントに自信を持って接することができるのです。

あなたが売り物になる専門性を持っているかどうかは、初対面のクライアントから「＊＊さんの専門分野は何ですか？」と訊かれたときに、どれだけ自信を持って回答できるかでわかります。初対面のクライアントは、あなたが分析者としてどの程度のレベルか値踏みをするために訊いているのです。あなたがどれだけ自信と余裕を持って答えるかをしっかりと見ているのです。

分析プロフェッショナルの活躍の場

分析プロフェッショナルが働く場所としては、企業の中でその企業のために働くケースと、データ分析を商売とする会社の一員として不特定多数の企業のために働くケースの二通りあります。

前者の場合は、事業部の中で働く場合と、企業内にある分析専門組織の一員として働く場合があります。分析専門組織にとってのクライアントは、社内の各事業部になります。米国企業では、社内に分析専門組織を持つことは一般的になっています。国内企業でも、ネットビジネス業界や小売・流通業界、広告業界では一般的になっており、それ以外の業界でも、分析専門組織をすでに持っている企業、また、これから立ち上げを予定している企業は多数あります。ちなみに、分析専門組織の名称はまちまちです。たとえば、リクルートでは「データサイエンスチーム」、楽天では「ビッグデータ部」、大阪ガスでは「ビジネスアナリシスセンター」という名称を付けています。

後者の場合は、データ分析を専業とする会社（たとえば、ブレインパッドやアイズファクトリー）で働く場合と、従来型のコンサルティング会社（たとえば、アクセンチュアやＮＴＴデータ、オージス総研）でデータ分析を専業とする内部組織で働く場合があります。

グーグルで「データ分析、求人」で検索すると、山ほど求人広告がヒットします。業務内容を見てみると、ソーシャルゲームのデータ分析、ＣＭや広告の効果測定、コールセンターのデータ分析、顧客購買データの分析、ホームページのアクセスログ分析、ソーシャルメディア上での評判分析など様々です。面白いのは、職種の名称がバラエティに富んでいることです。データアナリスト、データサイエンティスト、マイニングアナリストといった一般名称から、ソーシャルゲームデータアナリスト、マーケティングデータアナリスト、ウェブデータアナリストといった特定の分野を意味する名称まで多様です。

米国では、データサイエンティストという名称の職業が確立されています。以前は、アマゾンやグーグル、フェイスブックといったネットビジネス業界からの求人が目立っていましたが、最近は、小売流通業界やヘルスケア業界、エネルギー業界からのデータサイエンティストの求人も目立っています。リンクトイン（ビジネス特化型ソーシャルネットワーク）にデータサイエンティストとして登録すると、年収一一万ドル～一四万ドルの求人案内が送られてきます。米国会社員の平均的な年収を考えると、かなりの高待遇です。

ますます広がる活躍の場

ビジネスにおいて、データ分析の重要性や活用機会はますます増えていきます。企業は、データ分析を積極的に活用しない企業は生き残っていけない時代が到来します。これには三つの明確な理由があります。

一点目は、IT革新の恩恵で、データ収集やデータ分析のコストがますます安価になるからです。これまでは、データ分析をしようにも、データ収集やデータ分析に要するコストが大きすぎました。しかし、いまやITのお陰で、一昔前は考えられなかった大量のデータを安価に収集し、安価に分析できるようになりました。大量なだけではありません。インターネットのお陰で、以前は想像もできなかったようなウェブ上の口コミデータや購買データを入手できるようになりました。技術革新により、GPSはじめ様々なセンサーを安価に設置し、ワイヤレスでデータを収集できるようにもなりました。これらの結果、企業にとって、データ分析をビジネスに活用できる機会はますます増えていきます。

二点目は、経営環境がますます複雑になるからです。日本の市場が成熟化するにつれて、顧客のニーズは多様化しました。顧客接点のＩＴ化も相まって、画一的なＣＭや広告を流すだけのマス・マーケティングは通用せず、顧客層ごとに細分化したセグメント・マーケティングや個々の顧客にカスタマイズしたワン・トゥ・ワン・マーケティングが求められています。そのためには、多様化した顧客ニーズや変化する顧客ニーズを購買データやソーシャルデータなどから分析する力が求められます。

また、経済がグローバル化するに伴い、サプライチェーンは垂直統合型から国際分業型に変わりつつあります。一つの工場で完結していた製造プロセスが、製造工程ごとに最も安価な工場を求めて世界中を渡り歩くプロセスに変わりつつあるのです。このように複雑化したサプライチェーンにおいては、在庫管理や品質管理においてリアルタイムで正確なデータ分析が欠かせなくなります。

三点目は、経済環境がますます厳しくなっているからです。新興国の台頭に伴い、日本企業の競争力は脅かされていきます。日本企業は新興国企業と比べると人件費が高いので、それを補うために生産性を向上させなければ、競争に勝てません。だから、日本企業は、自動化や最適化を進めることで生産性の向上を進め続けなければならない。そのためには、従来の経験や勘だけに頼った意思決定スタイルから、分析力も駆使する意思決定スタイルに変えていかなければならないのです。

これからの時代において、データ分析は企業の競争力の源泉になっていくでしょう。トーマス・ダベンポートの著書『分析力を武器とする企業』がビジネスマンの注目を浴びているのは、その証左です。ビジネスにおけるデータ分析の重要性や活用機会が広がるに伴い、分析プロフェッショナルが活躍できる場はますます広がります。

米国では、すでにデータサイエンティストが不足しており、ＩＴ企業や金融企業、ヘルスケア企業、エネルギー企業といった企業の間で人材の取り合いが始まっています。米国のハーバード・ビジネス・レビュー誌は、「データサイエンティストは最もセクシーな職業」と題した記事を掲載しています。極めて限られた人しかなれず、一方で、今後ますます企業からラブコールを送られるという意味です。マッキンゼーによれば、米国では二〇一八年までに一四万人から一九万人の高度分析人材が不足すると言われています。ＧＤＰ比で換算すれば、日本でも五万人から六万人の高度分析人材が不足することになります。

実際、国内の多くの企業が、これから社内に分析専門組織を作りたいが人材不足に困っているという状況に直面しています。大阪ガスでも、すでに社内の分析人材だけでは賄えなくなり、社外の分析力を借りるようになっています。

2 分析プロフェッショナルへの道

向いている人

分析プロフェッショナルに向いている人は、と訊かれて、どういう人を思い浮かべますか？ ここまで読み進んで、まだ統計分析が得意な人とかＩＴに強い人を思い浮かべるようでしたら、ぜひ本書をもう一度読み返してください。

私は、これまでに多くの分析者と一緒に仕事をしてきました。その中には、分析プロフェッショナルだなと思える人もいれば、分析スペシャリストどまりだなと思える人もいます。後者の典型は、ＩＴと統計分析だけを得意とする人たちです。本書の第1章で申し上げた通り、ＩＴや分析手法は手段に過ぎません。それらをどれだけうまく使いこなしても、それだけでは分析プロフェッショナルにはなれません。

では、分析プロフェッショナルに向いている人とは、どのような適性を持った人でしょうか？ 筆者は、①論理的思考力、②右脳的思考力、③感受性の三つを挙げます。

論理的思考力については、その必要性は言わずもがなだと思います。間違えないでいただきたいのは、何度も申し上げている通り数学力はあったほうが良いですが、必要不可欠ではないということです。ここでの論理的思考力とは、分析結果は何を意味するのか、相関と因果の区別、分析結果の前提条件や不確実性、分析結果と意思決定の関係、こういったことを理路整然と理解して説明できる力を指しているのです。

次に、右脳的思考力。データ分析を活用できる問題を見つけたり、分析モデルを構想したり、分析結果から仮説を考えたり、データ分析では随所でヒラメキ力やアイデア力が求められます。右脳なしでは、データ分析は数字遊びにしかならないでしょう。

最後に、感受性。データ分析では、問題を見つけるときも、問題を解くときも、分析結果を使ってもらうときも、現場の協力が必要です。そのためには、現場で働いている人に心を開いてもらわなければなりません。現場の心を理解する感受性がなければ、KKD（勘と経験と度胸）とデータ分析の溝を埋めることはできず、現場の人と対立的な関係になるかもしれません。それでは、現場の協力は得られないのです。ですから、現場の人の立場や価値観を理解する感受性はとても重要です。

現時点でこれらを持っていないからといってあきらめることはありません。いずれも努力すれば向上するからです。「論理的思考力」「右脳的思考力」「感受性」のいずれも向上します。

実際に私は、新卒の人材を分析プロフェッショナルに育ててきましたが、彼らも最初からこれらの能力をすべて持っていた訳ではありません。仕事を通して成長することで、徐々に適性を持つようになってきたのです。大切なことは、ＩＴや分析手法など手段だけを磨けばいいという誤った目標を掲げず、正しい認識を持ちながら自らを成長させていくことです。第3章で述べた「分析力を上達させる道」を着実に歩めば、分析プロフェッショナルになる道は自ずと開けてきます。

しかし、分析プロフェッショナルと一言でいっても、腕の良し悪しはまちまちです。では優れた分析プロフェッショナルと並みの分析プロフェッショナルの違いは何でしょうか？

それは「課題発見力」と「仮説力」の強さです。優れた分析プロフェッショナルは、クライアントが気付かないような分析問題を発掘し、また、クライアントを唸らせるような仮説を立てる。それに対して、並みの分析プロフェッショナルは、クライアントでも気付くような分析問題を提案するにとどまり、また、クライアントでも思いつくような仮説にとどまるのです。

優れた分析プロフェッショナルになるには、「課題発見力」や「仮説力」を鍛えなければなりません。そのために必要な努力を以下で説明したいと思います。

ビジネスに関連する専門知識を身に付けよう

「仮説力」とは、平たく言えば、「多分こうじゃないかな」と発想する力です。データ分析においては、「仮説力」が非常に大きな役割を果たします。アナリシスクリーム社の例に戻りましょう。分析者は、「販売量＝a×気温＋b×降水量＋c×平休日フラグ＋d」という数式を用いて分析しました。では、分析者は、どうやってこの数式を思いついたのかというと、

「アイスクリームは、気温が高いほど売れるのではないだろうか」

「アイスクリームは、雨が降ると売れなくなるのではないだろうか」

「アイスクリームは、平日と休日では売れ方が違うのではないだろうか」

という仮説を立てたからです。これらの仮説を立てられなかったらどうなるでしょう？たとえば、「平日と休日では売れ方が違う」ことを発想できなければ、「販売量＝a×気温＋b×降水量＋d」という数式で分析していたでしょう。どれだけ統計解析の力があっても、「平日と休日では売れ方が違う」ことを発想できなければ、予測式に平休日フラグを用いることに思い至りません。

では、どうすれば、「仮説力」を高められるのでしょうか？　一つは、再三申し上げて

いるように、ビジネス現場に行ってビジネス担当者から話を聞くことです。ビジネス担当者は、勘と経験を培っていますから、そこから様々な仮説を立ててくれるでしょう。アナリシスクリーム社の例の場合もそうでした。

でも、ビジネス担当者の仮説力だけに頼っているのでは十分ではありません。ビジネス担当者は、自らの経験を通した仮説力は持っていますが、逆に言うと、それしか持っていないのです。ではどうするか。

あらゆる現象には、先人たちが経験してきた知識があり、それらは学問という形でまとまっています。たとえば、経済現象については経済学という学問分野があります。交通渋滞については交通科学という学問分野があります。消費者行動については消費者行動研究という学問分野があります。サプライチェーンについてもサプライチェーンマネジメントという学問分野があります。先人たちが蓄積してくれた知識を使わない手はありません。ビジネス担当者の仮説力だけに頼るのではなく、先人たちの知識も併せれば、仮説力は格段に向上します。

そのためには、日頃から学ぶ習慣をつけることです。学ぶきっかけは、データ分析の至る所にあります。たとえば、需要予測をしていたら、ＧＤＰなどの経済指標に出合うでしょう。そのときに、ＧＤＰとは何か、ＧＤＰを決める要因とは何か、これからの日本のＧ

ＤＰはどうなるのか、といった知的好奇心を持ちましょう。そうすれば、自ずと、経済について学ぶ糸口となるでしょう。たとえば、予測に気象庁の気象予報を用いるならば、気象予測の方法、予報はどれぐらい当たるのか、といった知的好奇心を持ちましょう。そうすれば、自ずと、気象について学ぶ糸口になるでしょう。

私の分析チームでは、そういった知的好奇心を大切にしています。その結果、各メンバーは、いろんな分野で専門家レベルの知識を蓄えるようになりました。中には、気象予報士の資格を取得したメンバー、環境学の博士号を取得したメンバーもいます。ＭＢＡを取得中のメンバーもいます。私自身、四〇歳を越えてから経済学を学びたくなり、経済学分野の社会人博士コースに入学しました。

世の中にあるデータを知ろう

ビジネスに関連する専門知識に加えて、データに関する知識も身に付けるべきです。ビジネスに関する知識とデータに関する知識の両方が揃っているからこそ、データ分析をビジネスに活用するチャンスをヒラメクからです。

データは、社内データと社外データに分類されます。社内データとは、各企業が業務を通して入手したデータです。一方、社外データとは、たとえば国勢調査データのように一般に公開されているデータを指します。

　データ分析をする場合、多くのケースでは社内データだけでなく社外データも活用します。たとえば、販売量分析にあたっては、経済の影響を説明するためにマクロ経済データを、気温の影響を説明するために気象データを使うでしょう。ですから、社内にどのようなデータがあるか知るのはもちろんのこと、社外にはどのようなデータがあるかも知っている必要があるのです。

　私たちがよく使う社外データは、気象データと道路交通データです。気象データは、気温データや降水量データだけでなく、気圧データも使います。プラントのオペレーション最適化などに役立つからです。道路交通データは、車両配置の最適化や配送ルートの最適化などに役立ちます。

　最近は、活用できる社外データが増えてきています。その代表が、ソーシャルメディアのデータです。ツイッターやフェイスブックのデータを分析すれば、マーケットのトレンドや消費者のニーズについて手掛かりを得ることができます。また、政府や自治体は「オープンデータ」を推進しており、地図・地形データや事故データ、ハローワークの求人データ、土地計画データなどが公開されるようになるかもしれません。

　一方、センサーコストの低減や省電力化によるワイヤレスセンサーの普及により、各種センサーを用いたデータ収集は、画期的に安価で容易になっています。たとえば、家庭における電力消費の計測は、クランプ型の無線電力計を分電盤に設置することで容易に行えるようになりました。ウェザーニューズ社は、花粉センサーを会員に配付して自宅のバルコニーに設置してもらうことで、地点ごとの花粉データを収集しています。スマートフォンのGPS機能を用いれば、営業マンの所在を地図データに取り込むこともできます。ですから、分析者は、センサー技術を活用すればどのようなデータを収集できるのか、その精度やコストはどの程度かを知っておくべきです。

社外で公開されているデータは今後も増えていきますし、センサー技術はさらに進歩していきます。ですので、最新の情報を常にウォッチしていかなければなりません。

良い人脈を大切にしよう

それでは、クライアントを感心させるような「課題発見力」はどうやったら身に付くのでしょうか。創造力？　もちろんそうです。でも、創造力だけでは発想は生まれてきません。ビジネスやデータに関する情報を蓄積してこそ、発想は生まれるのです。だから、情報収集は、分析プロフェッショナルにとって大変重要です。

では、情報収集の最大の機会は何でしょうか？　まずは、先ほど申し上げた通り学び続けることが重要です。取り組んでいるデータ分析に直接的に関連する情報収集だけでは、不十分です。日頃から業界新聞や業界雑誌に目を通し、最新のビジネスや技術に関する情報収集をする、そういった姿勢が重要です。でも、そういったメディアを通した情報収集だけでは、他の分析者との差別化は図れません。

あなたにしかできない情報収集の機会、それは、人脈を通した情報収集です。社内のキーパーソン、社外の様々な分野の有識者、海外の有識者、そういった人たちと日頃からホットトピックについて情報交換することです。

優れた分析プロフェッショナルは、驚くほどたくさんの人脈を持っています。日頃からメールなどで情報交換をするとともに、何かわからないことがあればお互い相談にのる、そういった人脈を持っています。

そういった人脈を作るには、努力をしなければなりません。情報交換はギブアンドテイクですから、あなたから先方に対して有益な情報を提供できるように努めなければなりません。また、あなたの価値が認知されなければ相手にしてもらえません。そのためには、データ分析の成果について学会などで発表する、雑誌などに記事が掲載される、そういった活動を続けることで、あなたの価値をＰＲしなければなりません。

オリジナリティを大切にしよう

私がこれまで付き合ってきた分析者の中で「この人はすごいな！」と思う人の共通点は、発想にオリジナリティが溢れていることです。分析課題を発掘するときには、どこからこんな着眼点が生まれてくるのかなと思うような課題を提案する。分析を進めていくときには、手作り感でいっぱいのやり方で進めていく。

反対に、「どこにでもいそうな人だな」と思う人の共通点は、先人のやり方を踏襲してばかりいる。そういう人たちは、過去の分析事例にはとても詳しくて、新しい課題に出くわすと、類似の分析事例を探し出して、そのときのやり方を踏襲する。たとえれば、オリジナル商品を作らず、イミテーションを作ることに精を出しているのです。

もちろん、イミテーション的なデータ分析も役立ちます。でも、それぐらいのデータ分析ならば、あなたでなくても誰でもできる。どこにでもいる金太郎飴のような分析プロフェッショナルに陥ってしまう。それでは早晩、分析プロフェッショナルとして食べていけなくなります。

そうではなく、これまでに誰も取り組んだことのない分析課題を見つけたり、一般的と言われている分析手法を踏襲せずに、オリジナルな分析方法に挑戦したりしなければならない。そのようなオリジナリティを追求してこそ、優れた分析プロフェッショナルへの道が開けるのです。

あなたのオリジナリティのレベルは、先人たちの分析事例を読んだときの反応でわかります。その分析事例を読んで、「なるほど、こういう方法でやれば良いのか」と素直に受け入れる人はオリジナリティが低い、「もっといい方法はないだろうか？」と疑問を呈する人はオリジナリティが高い。

オリジナリティを追求することは精神力が必要です。ハイリスク・ハイリターンだからです。先人たちのやり方を踏襲するのは、先例があるので手堅いし、うまくいかなかったときの言い訳もしやすい。一方で、オリジナルな分析課題や分析手法を追求すれば、先例がないためにリスクは大きいし、うまくいかなかった場合の説明責任はすべて自分にふりかかってくる。でも、それを精神的な負担と捉えずに、未知への挑戦と捉えて果敢に取り組んでいく、それこそがオンリーワンな分析プロフェッショナルになる道なのです。

3　分析プロフェッショナルという職業の魅力

役立っていることを実感できる

分析プロフェッショナルは、自らの分析ソリューションが実用化された暁には、世のため人のために役立ったなあと実感する瞬間があります。

医療分野で活躍する分析プロフェッショナルは、大量の患者データを分析することで治療や投薬を最適化できれば、患者の健康や生存に役立ったと実感できるでしょう。農業分野で活躍する分析プロフェッショナルは、土壌や温度を分析することで農作物の栽培を最適化できれば、食糧問題の解決に役立ったと実感できるでしょう。交通分野で活躍する分析プロフェッショナルは、車両の通行量データを分析することで交通量をコントロールできれば、渋滞緩和に役立ったと実感できるでしょう。

私のチームでも、たとえば、故障部品を予測するモデル開発に携わったときには、その予測モデルに従ってメンテナンスマンが部品を携行するようになれば、データ分析で変革を起こしたことが実感できます。さらに、その結果としてメンテナンスの即日完了率が上がれば、お客様の役に立ったことが実感できます。

このように、分析プロフェッショナルの仕事は、その成果が人や企業や社会にどのような効果をどの程度与えたのか見えやすい。すなわち、やりがいを感じる機会に恵まれた職業なのです。

自分らしさを発揮できる

私は、分析問題を目の前にすると、創造的な気分で心が膨らみます。まるで、真っ白なキャンバスを目の前にして、絵を描きだすときの気分に似ています。たとえるなら、分析課題は画題、データは絵の具、分析手法は絵筆のようなものです。そして、あたかも絵の輪郭を描き始めるように分析の大枠を決め、徐々に細部を描いていくように分析の細部を詰め、うまくいかないときは描き直すように分析をやり直します。

データ分析に一義的なやり方はありません。どのデータを用いるか？ データはどのようにスクリーニングするか？ どのような数値解析手法を用いるか？ 分析結果をどのように解釈するか？ すべては、分析者の裁量で決めていくのです。だから、同じ分析課題であっても、一〇〇人が挑めば、一〇〇通りのやり方があるでしょう。分析結果のプレゼンテーションも、人によって様々です。

実際、私のチームには九名の分析者がいますが、分析の仕方もプレゼンテーションの仕方も十人十色です。面白いほど、個性が出ます。シンプルな分析モデルを使う人、精緻な分析モデルを使う人。データを最大限使う人、データを選りすぐる人。結論から先に説明する人、方法論を先に説明する人。まさに、分析プロフェッショナルは、「自分らしさ」を発揮しやすい仕事なのです。

同じ人が分析していても、年月が経つと、データ分析のスタイルは変わってきます。私も若い頃は、何でも精緻に分析するスタイルでした。現在は、データ分析の経験と勘を培ってきたので、どこを精緻にすべきで、どこは精緻にしなくても良いかがわかります。だから、精緻にする必要がないところは意図的に粒度の粗い分析をするようになりました。過去に実施したデータ分析を報告書としてまとめておくと、年月が経った後に振り返れば、分析スタイルの変化を感じることができます。それが良い方向であれば成長したと実感でき、それが退化であれば初心に戻らなければと言い聞かせます。

広い世界で生きられる

私は十数年間、大阪ガスの中でデータ分析の仕事をしてきました。最初は、営業部向けのデータ分析に携わっていたのですが、社内でいろいろな組織にデータ分析を提案していくうちに、気が付けば、ほぼすべての組織向けにデータ分析の仕事をしていました。まだデータ分析をやったことがない組織は、残すところ秘書部と総務部だけです（いつの日か、この二つの組織にもデータ分析を提案して、全組織を制覇したいと思っています……）。

企業の中で分析プロフェッショナルとして仕事をしていると、いろいろな組織の人と一緒にいろいろな仕事をする機会に恵まれます。業務とデータのあるところならば、どこでもデータ分析は役立つからです。しかも、現場で活躍している人と、とても深く付き合う機会に恵まれます。たとえば、故障部品予測の仕事をするときには、まずメンテナンスマンに業務内容をヒアリングし、予測手法が完成した後には、メンテナンスマンにその精度を説明して納得してもらわなければなりません。そのためにはメンテナンスマンに心を開いて話してもらえるよう、メンテナンス現場に同行したり、時にはお酒を一緒に飲むなんてこともあります。

たとえば、車両配置拠点の最適化の仕事をするときには、運転手がどのようなルートを選んで、どれぐらいのスピードで走行するかを知らなければなりません。そのためには、車両に同乗させてもらって観察することもあります。たとえば、製造所の故障診断の仕事をするときには、製造所まで出向いてオペレーターに会い、経験的な知見をヒアリングすることもあります。

コンサルティング会社で分析プロフェッショナルとして仕事をする人は、様々な企業で様々なビジネスをやっている人々と仕事をする機会に恵まれるでしょう。製造業界、小売流通業界、医療業界、運輸業界、飲食業界、金融業界……、様々な業界の人々と一緒に様々な仕事をする機会に恵まれるでしょう。

さらに、データ分析プロフェッショナルは、同業者と交流する機会も豊富です。国内では、ＥＭＣジャパン社が「データサイエンティスト・ワークショップ」を年に二回ほど開催し、一〇〇名以上のデータサイエンティストが集います。学会では、日本オペレーションズ・リサーチ学会などにおいて、企業がデータ分析事例を紹介する機会があります。米国においては、データサイエンティストやビッグデータをタイトルとしたコンファレンスが毎年開催されています。また、ウェブ上では多数のデータサイエンティストコミュニティが形成されています。

通常の会社員の人生においては、転勤をしなければ仕事は変わらず、一緒に仕事をする人も変わりません。もちろん、転勤すれば仕事は変わりますが、多くの場合は同じ部門内での異動であったりします。それに対して、分析プロフェッショナルは、転勤しなくても社内の様々な組織や業務と接点を持ち、多くの社員と一緒に様々な仕事をすることができます。さらに、まるで大学の研究者のように、分析プロフェッショナル間で情報交換したりして、お互いの知的レベルを高めあうことができます。すなわち、分析プロフェッショナルとは、いろいろな人やいろいろな仕事と出会える職業なのです。

おわりに

皆様の中には、どうしてガス会社の社員がデータ分析の本なんて書くのだろう？　と不思議に思った人もいるのではないでしょうか。ネットビジネスでもコンサルタントでもないガス会社の社員がなぜデータ分析の本を書くのだろうと。私も、自らがこのような書籍を執筆するとは思ってもいませんでした。

私は、二〇〇〇年頃からガス会社の中で、愚直にデータ分析を行ってきました。少しずつ分析力を高め、成果をコツコツと増やしてきました。それが二〇一二年になって、突然に社外から注目されるようになりました。ビッグデータ旋風の中で、データ分析をビジネスに活用している取り組みに関心が集まったようです。

私たちの取り組みは、米国から紹介されるビジネスインテリジェンスやビッグデータの派手な活用事例と比べると地味なものです。そのような地味な取り組みに関心を持ってもらえたことは、私にとって意外でした。

しかし、講演会などで多くの方々と接するにつれて、その理由がわかってきました。皆さん、企業内でデータ分析をどう推進していったら良いかについて、誰も教えてくれずに困っている。分析手法や分析事例については聞く機会はあるが、企業の中で誰がどんなアクションを取ればデータ分析を推進できるのかは誰も教えてくれない。そこに、私たちの取り組み方が参考になったようです。

本書に込めたのは、日本企業にも「分析力を武器とする企業」になってもらいたいという願望です。米国では、アマゾンやGE、ウォルマートといった企業が「分析力を武器とする企業」へと進化していますが、まだまだ日本企業は、分析力を十分に活用できていないように思います。

米国企業が日本企業よりもデータ分析を活用しているのは、米国はトップダウン型経営のため、データ分析による知識経営が自然な流れとして進むからだと思います。対して、日本企業には優れた現場力があるため、データ分析に頼らなくても現場の経験と直感で経営できる。そのため、自然な流れではデータ分析の活用は進まないのです。

しかしITの進化により、データ分析のポテンシャルは大きくなり、いつしかビジネスモデルをゲームチェンジできるほど強力な武器になりました。企業は、データ分析を積極的に活用していかなければ、勝ち残れない状況になってきたのです。だから、日本企業も積極的にデータ分析を活用していかなければならない。

間違えてはならないのは、データ分析は、日本企業が誇る現場力を否定するものではないということです。それに、日本企業の競争力の源泉である現場力をデータ分析で置き換えてしまえば、もはや日本企業の強みは残りません。日本企業は、米国企業に倣ってデータ分析を駆使したトップダウン型経営を真似るだけでなく、データ分析を駆使したボトムアップ型経営、すなわち、現場が分析力を駆使することで現場力をさらに高めるような経営スタイルも目指すべきではないでしょうか。

私は、そのような日本版「分析力を武器とする企業」を模索していくことこそが、日本企業の競争力を高めるために重要ではないかと考えています。本書は、私たちがそのような模索をしてきた経験談を体系化したものです。本書が日本版「分析力を武器とする企業」を模索するヒントになれば、筆者として望外の喜びです。


本書は、多くの方々からのご支援があったからこそ実現しました。この場を借りて感謝したいと思います。

講談社の田中浩史さんには、本書を企画していただきました。本当に有難うございました。

大阪ガス株式会社行動観察研究所の松波晴人所長には、本書を出版するにあたり多大なご支援をいただきました。株式会社オージス総研の出馬弘昭常務には、本書を出版することをすすめていただきました。株式会社日経ＢＰの川又英紀副編集長およびPivotalの仲田聡部長には、筆者の考えを初めて世に問う機会をいただき、それが本書の原点となりました。

私がデータ分析の世界に入ったのは、一九九八年に米国ローレンスバークレー国立研究所に赴任したことがきっかけです。研究所の上司であったアラン・マイヤー博士およびジョナサン・クーミー博士からは、データ分析だけでなく人生の師として多くのことを学びました。研究所赴任の機会をくださった当時の上司、成宮明マネジャー（現・大阪ガス株式会社参事）、本田国昭マネジャー（現・九州大学教授）、改田義雄室長、上殿紀夫シニアリサーチャー（現・株式会社ＫＲＩ）、福知徹リーダー（現・大阪ガス株式会社エネルギー事業部マネジャー）、株式会社住環境計画研究所の中上英俊会長には、心から感謝しております。

米国から帰国後、歴代の上司、平野茂樹所長（現・大阪ガスオーストラリア会長）、平山輝部長（現・株式会社オージス総研社長）、松坂英孝部長（現・大阪ガス株式会社取締役常務執行役員）、住友宏部長（現・株式会社ＫＲＩ社長）、そして、現在の上司である綾部雅之部長には、データ分析で成果が出るまで忍耐強く見守っていただきました。加賀城俊正マネジャー（現・

大阪ガス株式会社エネルギー・文化研究所）と細川嘉則マネジャー（現・大阪ガスセキュリティサービス株式会社取締役）にも温かく見守っていただきました。情報通信部の方々には、二〇〇六年に研究所からチームごと転入して以来、大変お世話になりました。

分析力を向上させるにあたっても、多くの方々にご指導いただきました。京都大学工学部数理工学科の長谷川利治先生（故人）、西尾章治郎先生、野木達夫先生には、数理解析の素養をつけていただきました。湘南エコノメトリクスの室田泰弘先生には計量経済モデルを、神戸大学経済学部の羽森茂之先生には時系列分析を、大阪大学工学部の下田吉之先生にはエネルギー需要分析を、株式会社数理システムの田辺隆人部長には最適化問題をご指導いただきました。株式会社オージス総研の山崎朝照常務、吉田隆光データアナリシス部部長、乾昌弘データサイエンスセンター長には、大規模データ処理や分析人材の強化で大変お世話になりました。

データ分析を実際にビジネスに役立てていく上では、大阪ガス株式会社の企画部、財務部、人事部、技術戦略部、資源トレード部、製造発電事業部、導管事業部、エネルギー事業部、リビング事業部の方々に多大な協力をいただきました。特に企画部坂梨興マネジャーには、まだ実績もない頃からチャンスを与えていただきました。また、広報部板越希さん、リビング事業部伊津野貴彦マネジャー、髙山朋さんには、講演会や本書の執筆にあたり、貴重な意見をいただきました。

そして、私が所長を務める大阪ガス株式会社ビジネスアナリシスセンターの河村さん、野波さん（現・情報通信部マネジャー）、本田さん、岡村さん、中山さん、大西さん、小林さん、三上さん、谷さん、前田さん、元同僚で現在は米国アトランタのエモリー大学に留学中の津崎さん。本書は、皆さんと一緒に仕事をしてきた経験および皆さんが苦労して成し遂げてきたデータ分析の成果から生まれたものです。本当にありがとう。

最後に、妻の詔子、長男の考平、次男の照生には、週末をずっと書籍執筆に費やしてしまい迷惑をかけてしまいました。家族の支えがあったからこそ、本書を書き終えることができました。ありがとう。

二〇一三年六月

河本　薫

講談社現代新書　2218

会社《かいしゃ》を変《か》える分析《ぶんせき》の力《ちから》

二〇一三年七月二〇日第一刷発行　二〇二五年五月七日第一七刷発行

著者　河本《かわもと》　薫《かおる》

発行者　篠木和久
発行所　株式会社講談社
東京都文京区音羽二丁目一二―二一　郵便番号一一二―八〇〇一
電話　〇三―五三九五―三五二一　編集（現代新書）
〇三―五三九五―五八一七　販売
〇三―五三九五―三六一五　業務
装幀者　中島英樹
印刷所　株式会社ＫＰＳプロダクツ
製本所　株式会社ＫＰＳプロダクツ
定価はカバーに表示してあります　Printed in Japan

N.D.C. 007　235p　18cm
ISBN978-4-06-288218-7

「講談社現代新書」の刊行にあたって

教養は万人が身をもって養い創造すべきものであって、一部の専門家の占有物として、ただ一方的に人々の手もとに配布され伝達されうるものではありません。

しかし、不幸にしてわが国の現状では、教養の重要な養いとなるべき書物は、ほとんど講壇からの天下りや単なる解説に終始し、知識技術を真剣に希求する青少年・学生・一般民衆の根本的な疑問や興味は、けっして十分に答えられ、解きほぐされ、手引きされることがありません。万人の内奥から発した真正の教養への芽ばえが、こうして放置され、むなしく滅びさる運命にゆだねられているのです。

このことは、中・高校だけで教育をおわる人々の成長をはばんでいるだけでなく、大学に進んだり、インテリと目されたりする人々の精神力の健康さえもむしばみ、わが国の文化の実質をまことに脆弱なものにしています。単なる博識以上の根強い思索力・判断力、および確かな技術にささえられた教養を必要とする日本の将来にとって、これは真剣に憂慮されなければならない事態であるといわなければなりません。

わたしたちの「講談社現代新書」は、この事態の克服を意図して計画されたものです。これによってわたしたちは、講壇からの天下りでもなく、単なる解説書でもない、もっぱら万人の魂に生ずる初発的かつ根本的な問題をとらえ、掘り起こし、手引きし、しかも最新の知識への展望を万人に確立させる書物を、新しく世の中に送り出したいと念願しています。

わたしたちは、創業以来民衆を対象とする啓蒙の仕事に専心してきた講談社にとって、これこそもっともふさわしい課題であり、伝統ある出版社としての義務でもあると考えているのです。

一九六四年四月　野間省一

経済・ビジネス

日本語・日本文化